個性を伸ばす技術

東東京 二松学舎大附野球部監督
市原勝人

竹書房

はじめに

本書の中で詳しく述べるが、私が現役だった1982年、私たち二松学舎大学附属野球部は春のセンバツに出場し、準優勝の好成績を収めることができた。私は左のエースとして、1回戦から決勝まですべてに先発登板。準決勝までの4試合は完投していたが、疲れなどはまったく感じず、甲子園でプレーするのがとても楽しかったことを今でもよく覚えている。

その後は大学、社会人野球と進み、現役を引退してからはしばらくサラリーマン生活を続けた。それなりに充実したサラリーマン生活を過ごしていた私に、母校から「監督をしてくれないか」と話があったのは1995年のことだった。

その時は、まさか25年も監督を続けるとは思いもしなかったので、「とりあえずやってみるか」という軽い気持ちで監督を引き受け、正式に1996年の春から私は二松学舎の監督に就任した。

それまでの二松学舎は、私の現役時代も含め東東京の夏の大会の決勝戦に5回進み、いずれも敗れていた。そして、私が監督となってからこの記録はさらに更新され、2013年の決勝戦敗退まで、なんと「夏の大会の決勝戦10連敗」。しかも、2002年から2004年にかけては「3年連続決勝戦敗退」という不名誉な記録を打ち立てていた。11回連続の決勝戦敗退か？ と話題になった2014年、ついにその代の選手たちがこの屈辱的な記録に終止符を打ってくれた。その中心にいたのは、読売ジャイアンツに進んだエース左腕・大江竜聖、今村大輝（捕手）、三口英斗（セカンド）のスーパー1年生トリオだった。彼らがチームを活性化してくれたことにより、私たちは「11度目の正直」で初の夏の甲子園出場を決めたのである。

大江は現在、読売ジャイアンツの中継ぎとして活躍しているが、私が監督となって以降、小杉陽太（元横浜DeNAベイスターズ）、鈴木誠也（広島カープ）、永井敦士（広島カープ）、秋広優人（読売ジャイアンツ）と、計5名の選手がプロ入りを果たしてくれた。

2017年、2018年と連続して本校は夏の甲子園に出場することができたが、「夏の大会の決勝戦10連敗」「3年連続決勝戦敗退」という歴史が物語るように、チームとして決して順風満帆な道のりを歩んできたわけではない。

「日本の四番」として今では全国区の人気選手となった鈴木誠也は、高校時代から素晴らしい能力を持った選手だったが、私の監督としての力不足によって、彼の代を甲子園に連れていってあげることはできなかった。私の力不足で勝たせてあげられなかったのは、誠也たちの代だけではない。振り返れば、「あれだけの戦力がありながら、なんで優勝できなかったんだろう」と思える代がいくつかある。そんなOBたちには、今でも申し訳ない気持ちでいっぱいである。

なかなか勝てずに苦しんでいた時期、私たち二松学舎の前に王者として常に立ちはだかったのが闘将・前田三夫監督率いる帝京だった。幾多の敗戦の中で、帝京の選手たち、そして前田監督から教わったことはそれこそ数え切れない。

「いつかは帝京に勝ち、東東京を制覇する」

それが、私の最高にして唯一の目標だった。その困難な目標を達成するためには、選手たちにどのような指導をしていけばいいのか、選手たちとどのように接していけばいいのか、毎日それだけを考え続け、気がつけば二松学舎の監督となってから25年もの歳月が流れていた。

監督という仕事には、完成型もゴールもない。「もっといい形があるのでは？」と今でも日々試行錯誤を続けている。

本書では、私が二松学舎で25年間どのような指導を続けてきたのかを、包み隠さずお話ししていこうと思う。最初は多くの監督がそうであるように、私もガツガツと勝利だけを追い求めてやっていた。しかし、帝京に勝てず悔しい敗戦を繰り返すうちに、ハードな練習、厳しい指導だけでは勝てないことに気がついた。

かつての私は、優勝するためには、選手をどのようにして鍛えていけばいいのか？そればかり考えて監督をしていた。でも、今私がもっとも大切にしているのは、選手の持つ力を１００％発揮させてあげるには、どのように接していけばいいのか、どのような環境を作ってあげればいいのか、ということである。

「あの選手は俺が育てた」

そのようなセリフを口にする監督がたまにいるが、それはとても傲慢な考え方だと思う。私たち監督は、選手を育てることなどできやしない。監督が環境をしっかりと整えてあげれば、選手たちは勝手に育っていくものなのだ。

選手それぞれに個性、性格があり、色も違えば考え方も異なる。マニュアルに則った杓子定規な教え方をしているだけでは、各々の選手の力を開花させてあげることなどできない。

超高校級の選手が揃っているわけではない本校が、超激戦区・東京を勝ち抜き、なぜコンスタントに甲子園に出場できるようになったのか。本書を読めば、それがきっとご理解いただけるはずである。

個性を伸ばす技術

目次

第2章

私の球歴

幾多の出会いが野球人・市原勝人を作った

第3章 指導の極意

個性を伸ばし、チームを強くする

第4章 甲子園に行くための練習
市原流ピッチャー＆野手指導論

第5章

これからの高校野球を考える

第1章

戦国・東東京と二松学舎の歴史

夏の決勝戦10連敗を経て、
今の二松学舎がある

東東京の歴史――早実から帝京へ

東京都の高校野球は、1974年の夏から東と西の2地区に分かれ、2校代表制となった。私が現役の高校球児だった1980年代前半、二松学舎が入っている東東京には王者・早稲田実業が君臨していた（早実は校舎の移転で2001年に西東京に移動）。「世界のホームラン王」として知られる王貞治さんの母校でもある早実には、他校にはない独特の雰囲気があった。歴史、伝統の重みとでもいえばいいのか。圧倒的な強さを感じるわけではないのだが、実際に対戦すると早実のペースにはまり、気づけば負けている。当時の東東京の高校は、どこも「打倒・早実」を掲げていたが、その壁を越えることは容易ではなかった。

その後、私が監督に就任した1996年当時の東東京は私の現役の頃とは様変わりし、甲子園常連の帝京が主導権を握っていた。

監督として戦った帝京は、本当に強かった。私が監督に就任した前年の夏の甲子園

（第77回全国高等学校野球選手権大会）で、帝京は3度目の全国制覇を成し遂げて隆盛を極めていた。

選手層の厚さも違えば、選手たちの体格もまったく違う。甲子園で実績を残しているため、帝京の選手たちには自信がみなぎっていた。当時の本校が戦っても、帝京にはまったく歯が立たなかった。

私は現役時代に甲子園の準優勝投手となり、甲子園の素晴らしさを知っていたので、「選手たちにも甲子園でプレーさせてあげたい」という気持ちは監督として当然持っていたが、帝京の強さを目の当たりにして事態の深刻さを理解した。

私が現役の時の早実も、帝京と同じく全国区の強さを誇っていた。早実の選手たちには、突出した能力を持つスーパープレーヤーはいなかったが、荒木大輔（元ヤクルトスワローズほか）というスター選手を中心として、堅実なプレーで勝ち上がっていく底力のようなものを持っていた。

一方、私が指導者となってから見た帝京は、技術力と体力を兼ね備え、個々の能力が非常に高かった。どの代にも、プロから声がかかるような逸材がいる。ただでさえ層が厚いのに、前田監督は選手たちに東東京一といっていいハードな練習を課していた。帝京の強さは本物だった。

「東東京で勝つのは大変だ」

それが当時の私の素直な印象だった。しかし、帝京の圧倒的な強さを実感するのと同時に、「だったら帝京を倒せば、うちも甲子園で勝てるということじゃないか」とも思った。

こうして、私の指導者人生はスタートした。

監督就任当時の東東京の勢力図――勝って当たり前の試合などない

1996年、二松学舎の監督に就任した時の私は31歳だった。大学、社会人野球とその後しばらくのサラリーマン生活を経て、私は再び高校野球の世界に戻ってきた。

当時の東東京は、先に述べたように帝京が一人横綱として君臨し、その王者を他の強豪私学が追う構図だった。今でこそ東東京の先頭を走る関東一は当時、それまで監督だった小倉全由監督が日大三に移っていた。2000年から関東一の現監督である米澤貴光監督が指揮を執るようになるが、関東一が今のように隆盛を極めるようになったのは2000年代後半になってからである。

1996年当時の東東京は、帝京を追う形で早実（2001年から西東京へ）、修徳、国士舘（2013年から西東京へ）、日大豊山、岩倉、安田などが第2グループを形成していた。

私が就任した頃の二松学舎はというと、大会の抽選会が終わってトーナメントを見直してみると、4つの山（強豪校）を倒さないと頂点は極められない。

「第2グループの強豪校にうまくすれば勝てるかもしれない」

二松学舎の立ち位置は、そのような感じだった。私は31歳とまだ若く、他校の監督さんたちは私より10歳は上でみなさん脂が乗っていた。国士舘の永田昌弘監督なども年配で、試合をしながらいろいろと学ばせていただいた監督さんだ。

永田監督率いる国士舘は、現在までに甲子園に10回出場している。だが、私が就任した当初の東東京を振り返ると、単発出場の高校が実に多かった。帝京の前田監督はもちろんだが、国士舘の永田監督や早実の和泉実監督など、複数回自チームを甲子園に導いている監督さんは私にとっても憧れだった。

関東一の米澤監督とは「ここからもう一度チームを立て直すんだ」という意味において、私と似たような環境、状況だったし、チームとしても「帝京に追いつけ、追い越せ」の精神で鎬を削り合ってきたように思う。

私は東東京で活躍していた前田監督、和泉監督、永田監督といった先輩方から、本当にいろんなことを勉強させてもらった。

もしかしたら今の私は、東東京において他校から見ればあの頃の先輩たちのような存在なのかもしれない。でも私は今でも、気持ちは1996年の監督就任当初とあまり変わらない。私も、チームも、いつも常にチャレンジャーだと思って試合に臨んでいる。勝って当たり前の試合などない。それが東東京の厳しさなのだ。

帝京が教えてくれたパワー野球

1983年のセンバツで、帝京は山びこ打線として恐れられた水野雄仁（元読売ジャイアンツ）や江上光治を擁する強打の池田（徳島）と1回戦で当たり、0-11の大敗を喫した（池田はそのセンバツで優勝）。

前田監督はその敗戦で「パワーをつけなければ全国では勝てない」と悟り、そこから自チームの選手たちの肉体強化に着手した。そんな流れがあったため、私が監督になった時の本校と帝京の選手たちの体格はまるで大人と子供。その違いは歴然だった。

私が監督となってからは、技量もそうだが体格の差を何とかして埋めなければと、ウエイトトレーニングにも力を入れ始めた。

そして監督に就任して3年目の1998年、夏の大会で私たちは決勝戦まで進み、そこで王者・帝京と相まみえることになった。

この時、うちのトップバッターを務めていたのが、現在のチームの部長である立野淳平だった。立野が打線を牽引し、投げてはエースの芦川武弘が相手打線をしっかりと封じ、私たちは決勝戦まで勝ち上がった。

エースの芦川は、好投手として東東京でも評価の高いピッチャーだった。そのため決勝戦前には「投の二松学舎が打の帝京をどう抑えるか」に注目が集まっていた。

私のイメージでは、芦川がうまく帝京を封じ込めてくれたら接戦となり、そこから勝機を見出せるのではないかと考えていた。しかし、実際の試合はなかなかイメージ通りにはいかないものである。私たちは、強打の帝京に3－8の5点差で敗れた。

試合直後、私は「やっぱり、こてんぱんにやられてしまった」と感じていた。技術、体力に勝る帝京に滅多打ちにされたというイメージである。しかし、柏（私たちの学校は都内の九段下にあるが、野球部のグラウンドは千葉の柏にある）に戻ってからスコアブックを改めて確認すると、ヒットの数は、

帝京　13安打

二松学舎　10安打

とそれほど変わらなかった。

それなのに、なぜ私は「滅多打ちにされた」というイメージを抱いたのか。さらにスコアを見ていくと、その理由が明らかになった。安打数はそれほど変わらないものの、長打の数が違っていた。ホームランこそ両チーム各1本と同じだが、二・三塁打は、

帝京　5本（うち三塁打2本）

二松学舎　3本（すべて二塁打）

だった。肝心なところで三塁打などの長打を放たれたため、安打数自体はそれほど変わらないのに、私のイメージが「こてんぱんにやられた」となったのだろう。

帝京打線があれだけバットを振れるのは、単にパワーがあるだけではないことに私はすぐに気がついた。強い打球を打つためには、勇気を持って思い切りバットを振らないといけない。つまり三振を恐がっていたら、帝京のようなスイングは決してできない。そこで、私は練習試合である実験をしてみることにした。

大会後、新チーム体制で臨んだ練習試合。一日に2試合を行い、2試合ともに同じメンバーで試合をした。1試合目で私は「三振してもいいからどんどん振っていけ」と指示を出し、2試合目では「お前ら絶対に三振するなよ」と厳しく言いつけた。

結果、安打数は両試合ともにほとんど変わらなかった。しかし、二塁打以上の長打が1試合目のほうが多かった。私の予想が確信に変わった。

以降、私は選手たちに配球を読むことの大切さを説くのと同時に、「三振を恐れず、フルスイングでいけ」と言い続けた。さらにそれと同時に、強くバットを振るためのウエイトトレーニングも毎日行うようにした。

すると、その2年後の2000年の夏の大会で、私たちは準々決勝で早実に敗れたものの、そこまでの5試合で夏の大会のチーム本塁打数の新記録を出した。それほど体格のいい選手はいなかったが、本塁打数の記録を更新したことで、私はチームとしてやってきたことに手応えを感じていた。

私の現役時代を含め、二松学舎は機動力を生かした野球を得意としていた。ＯＢたちの中には「機動力を使った野球が二松学舎の伝統だ」という思いがあった。だから私が「フルスイングの野球」を始めたことで、当初はＯＢの諸先輩方から「こんなのは二松学舎の野球ではない」と散々いろんなことを言われた。

でも、私は自分の考え方は間違っていないと思っていたし、それなりの結果も出していた。そして何よりも、私は自分が肌で感じたことを信じていた。机上の空論よりも、あるいは人間の固定観念よりも、私は現場で得た感覚を何よりも大切にしていた。選手たちと毎日接することから導き出された練習方法や戦術に間違いはない。私はそう信じていたので、周囲からなんと言われようとも自分の道を走り続けた。

今の東東京――常勝・関東一と気が抜けない都立の強豪

２０１４年の夏の大会（第96回全国高校野球選手権大会・東東京大会）で私たちは宿

敵の帝京を倒し、「決勝戦11回連続敗退」にはならず、初の夏の甲子園出場を手にすることができた。

その大会以降、東東京の夏の大会は、

２０１４年　二松学舎
２０１５年　関東一
２０１６年　関東一
２０１７年　二松学舎
２０１８年　二松学舎
２０１９年　関東一

と、二松学舎と関東一の2校だけが甲子園出場を果たしている（２０２０年の独自大会では帝京が優勝した）。

近年のこの結果を見て、「東東京は二松学舎と関東一の二強時代ですね」と言ってくださる方もいる。でも私は、それ以前から関東一が東東京で頭ひとつ抜けているように感じていたので、関東一に離されないようにすることだけで必死だった。

「二松学舎が関東一に食らいつかなければ、東東京は彼らの独壇場となってしまう」

そう思って選手たちががんばってきた成果が、2017年、2018年の連覇につながったのだと思う。

関東一の強さをひと言で表すとすれば、「手堅い」ということに尽きる。守り中心のチームで、ミスが少なく手堅い野球をしてくる。そして何より、選手たちが野球をよく知っている。もちろん、うちも守りを中心にチーム作りを考えてはいるが、手堅さという部分においては関東一のほうが一枚も二枚も上手である。

ミスが少なく、手堅い。このようなチームとの試合は、たったひとつのミスが命取りになったりする。接戦になると、あとはもうお互いのミスを待つ「我慢比べ」である。顔を水につけ、苦しくなって顔を上げたほうが負けの根競べ。関東一の米澤監督は、このような試合展開になれば「勝機はうちにあり」と思っているに違いない。だから、私たちは関東一と戦う時は向こうのペースにはまらないように、2~3点の差をつけて常に優位に立っているような試合展開を心がけている。

また関東一、帝京といった強豪私学以外にも、東東京には伝統的に強い都立のチームがいくつか存在する。そういうチームと当たった時は、私学の強豪とやる時以上に私は神経をつかう。

近年は2018年、2019年の夏の大会2年連続準優勝を記録した小山台の活躍が目覚ましいが、その他にも城東、雪谷などは常に上位進出を伺っている強豪である。都立が上位に進出してくる時は、いいピッチャー（エース）が必ず存在している。それは当たり前といえば当たり前だが、私が都立に脅威を感じているのはその点だけではない。

都立の強豪の監督さんたちは、チームの勢いのつけ方がうまい。選手たちだけではなく、スタンドに来るお客さん、マスコミなど周囲の反応を見ながら一戦、一戦、戦うごとにチームに勢いをつけていく。選手たちをその気にさせるのがうまく、上位を争う大一番であっても「みんなで試合を楽しもう！」という雰囲気にしてしまう。スタンドのお客さんたちも一体となって都立を応援するので、私たち私学は非常にやりづらい。

小山台は都内屈指の進学校としても知られており、選手たちはみんな学業も優秀である。彼らはきっと普段の練習から、それぞれが高い目的意識を持って練習に取り組んでいるに違いない。学業が優秀で、なおかつ野球にも自信のある選手が小山台に毎年集まってくる。そしてそのチームには、選手をその気にさせる優秀な福嶋正信監督がいる。小山台が私たち私学の脅威となるのは当たり前なのかもしれない。

監督6年目にして夢の甲子園(センバツ)出場も心は……

母校に監督として戻ってきて以降、私の目標はもちろん「甲子園出場」だった。私が現役の時に経験した甲子園の素晴らしさを、選手たちにも味わってほしい。その一念で日々、指導にあたっていた。そして、念願の甲子園出場が果たされたのは、監督6年目の2002年のセンバツだった。

この代にはエース左腕・森裕幸と1学年下の抑え役・小杉陽太、さらにクリーンナップには近内亮介、山崎裕史、五味淵健太の100発トリオがいた。

前年の秋の大会で、私はこの代にはそれなりの手応えがあったので「うまくすれば甲子園に行ける」と感じていた。ところが、ブロック予選の抽選で帝京と同じ組に入ってしまった。

しかし、甲子園を目指すのであれば、いずれは決着をつけなければならない相手である。考え方をそのように切り替え、ブロック予選を勝ち上がった私たちは決勝で帝京と対戦することになった。

この時点で、私が監督に就任して以降、帝京には一度も勝ったことがなかった。だが、試合前のうちのベンチを見渡すと、選手たちに力みはまったく見られず、みんなリラックスしてとてもいい表情をしていた。

「いけるかもしれない」

私はそう感じながら試合に挑んだ。すると案の定というべきか、選手たちはいつも通りの力を発揮して、中盤を過ぎて8－2の6点差。高校野球の規定では、7回以降7点差でコールドとなる。

そして迎えた7回裏、そのイニングは三番・近内から始まる好打順だった。私はここまで試合を優位に進めてきた勢いを止めたくはなかったので、100発トリオの3人に「全員ホームランを狙え」と言って打席へ送り出した。

近内の放った打球はライトフェンスぎりぎりの大きな当たりだったが、惜しくも柵越えはならずライトフライに。続く四番・山崎がレフトに大飛球を放つが、こちらもフェンスぎりぎりでキャッチされてしまった。2アウトで五番・五味淵。ベンチで声援を送る選手たちも私も思いはひとつ。

「ホームランを打って、コールドを決めてくれ！」

すると五味淵は私たちの期待に応え、なんとセンターのバックスクリーンに飛び込むホームランを打ってくれた。これが、私たちが初めて帝京に勝った瞬間だった。私たちはまだブロック優勝をしただけだが、私も選手たちも「これで甲子園に行ける」と感じていた。

本大会・準々決勝の創価戦。打たれないであろうと思っていたエース森が、初回によもやの3失点で、私もさすがに「これはまずい」と感じた。しかし、帝京を倒した勢いは失われていなかった。その後、100発トリオがそれぞれホームランを放ち、あっという間に逆転に成功。結局は10－5の大差で勝利を収めた。

この試合での選手たちの活躍ぶりを見て、私は「細かいことをどうこう言うのはやめよう」と思った。そして、選手たちの勢いを殺さないことだけに、細心の注意を払うようにした。その結果、準決勝の穎明館は3－2で勝利。私たちは、あと1勝すれば甲子園というところまで漕ぎつけた。

決勝の相手は、西東京の王者・日大三だった。私たちは西の王者と対等に渡り合い、3－3の同点のまま9回裏の攻撃を迎えた。グラウンドには雨が降っていた。日大三のピッチャーは、制球に苦しんでいる様子だった。塁にランナーがたまり気づけば1アウト満塁、バッターは四番・山崎。ここで1点入ればサヨナラ勝ちである。

ピッチャーが山崎を警戒するあまり、カウントが3ボールとなった。

「優勝できる」

私の脳裏に甲子園の影がちらついた。ここまでの試合では、ことごとく打って逆転してきた。それなのに、優勝を確信した瞬間、私は四番の山崎に「待て」のサインを出していた。

結局、山崎は打ち取られ、続く五番・五味淵も凡打に終わり無得点。ビッグチャンスを逃し、私たちの勢いは完全に止まってしまった。そして、延長10回表に日大三に3点を入れられて万事休す。私たちは3－6で敗れ、甲子園を目指した秋季大会は準優勝で幕を閉じた。

センバツへは、秋季東京大会で優勝すれば出場当確となる。だが準優勝の場合は、関東大会の上位校との比較によって選出される（関東大会は群馬、栃木、茨城、神奈川、埼玉、千葉、山梨の代表によって争われる）。

最近でこそ、センバツに東京から2校選出されることは珍しくなってしまったが、あの頃は毎年のように東京から2校が甲子園に出場していた。しかし、私たちは決勝戦での負け方がよくなかったし、点差が3点も開いてしまっていた。私の中では「甲子園に行ける可能性は五分五分かな」という印象だった。

例年、1月下旬にセンバツの出場校が発表される。選手たちは冬の期間「甲子園に行けるかもしれない」と思いながら練習に励んでいたと思うが、私は「日大三に負けた」という事実をずっと引きずっていた。「甲子園に行きたい」という思いより「甲子園に行けなくてもしょうがない」という思いのほうが強かった。

果たして、私たちは選考会によってセンバツ出場校に選ばれた。二松学舎にとって、私がセンバツで準優勝した1982年以来の甲子園である。選手たちは当然喜んでいたし、学校、OBも「20年ぶりの甲子園だ」と沸き返っていた。しかし、私にとっては日大三戦の敗戦が重くのしかかり、心の底から喜ぶことはできなかった。

高い壁・日大三——センバツに出るための秋季大会の戦い方

秋季大会で準優勝した2001年当時、東東京の帝京、西東京の日大三はともに日本一の経験のある東西の雄だった。

あの時、ブロック予選では帝京に勝てたが、本大会決勝では最後の最後で日大三に振り切られてしまった。私は知らなかったのだが、先輩たちの話を聞くと、それまで二松学舎は日大三には一度も勝ったことがないとのことだった。

私が現役時代の監督である青木久雄監督は日大三出身で、うちで監督をする前には日大三の監督も務めていた（私が卒業した後、再び日大三の監督となった）。

青木監督は練習中、ことあるごとに「三高の野球はこうだった」と私たちに説いた。そんな環境で育った私たちは、知らず知らずのうちに「三高の野球はすごいんだな」と思うようになっていた。

「三つ子の魂、百まで」ではないが、私の中には日大三に対する特別な意識があったのだと思う。それが、きっと土壇場での「待て」のサインとなって表れてしまったのだ。

あの決勝戦の後、日大三の小倉監督とお話しする機会があり、小倉監督はあの同点の9回裏に「ホームランさえ打たれなければいい」と考えていたそうである。

満塁の状況でホームランを打たれれば4点差での負けとなるが、それ以外の長打であれば、記録上はサヨナラヒットによる最小の1点差で済む。この点差が年明けに行われるセンバツの選考会で非常に重要となってくるため、小倉監督は敗戦も想定しつつ「ホームランさえ打たれなければいい」と考えたのだ。

当時の私は甲子園に出たこともない、まだまだひよっこの監督だった。そんな秋季大会の決勝の戦い方など知るわけもなく、ただがむしゃらに「強豪校を倒す」ことだけに一生懸命になっていた。

小倉監督の話を聞き、私はかつて青木監督が「秋季大会の決勝戦は、ジャンケンに勝ったら先攻を選ぶべし」と言っていたのを思い出した。

私が1982年にセンバツ出場を果たしたのは、前年の秋季大会で準優勝となったからである。ただ、決勝戦で私たちは優勝した早実に9回表に大逆転（6失点）され、4－8で負けていた。この時は4点差だったものの運よくセンバツに選ばれたが、その時に青木監督が「本当ならあの試合は先攻を選ぶべきだった。秋季大会決勝は負け方が重要だから」と話してくれたのだ。

先攻なら負けたとしても大差の敗戦を避けられるが、後攻だとそうはいかない。最終回の表に相手に大量得点されて敗れたら、甲子園は当然のことながら遠のく。だから、東京の秋季大会決勝では「ジャンケンで勝ったら先攻」が鉄則なのである。

初の甲子園は初戦惜敗

監督として、初の甲子園となった2002年のセンバツ。1回戦の相手は大体大浪商だった。二松学舎は20年ぶり、大体大浪商もドカベン旋風を巻き起こした1979年以来で23年ぶりと、両校ともに久しぶりの甲子園出場である。

周囲から情報を集めると、大体大浪商はそれほど恐れる戦力ではないことがわかった。私は当時のチームに自信を持っていたから、「初戦は勝てる」と確信していた。ただ、相手は名門の地元大阪のチームなので「スタンドの雰囲気には飲まれないようにしなければ」とだけ考えていた。

試合が始まると、選手たちは初めての甲子園でやや緊張しているように見えた。前年の秋季大会、神宮第二球場では大きく見えていた選手たちが、甲子園では小さく見えた。エース森と100発トリオを擁するチームに私は自信を持っていたが、そんなチームが甲子園では普通のチームに見えてしまった。

大体大浪商の先発ピッチャーは村田透だった。後に大体大を経て読売ジャイアンツからドラフト1位指名され、さらにはメジャーにも行くピッチャーなのだが、私はこの時に村田がそれほど素晴らしいピッチャーには見えなかった。「まあ、うちの打線なら打つだろう」くらいの印象である。しかし、試合中に選手に話を聞くと「いいボールが来てます」と言う。今考えれば、後々ジャイアンツにドラ1で指名されるほどのピッチャーなのだから、いいボールを投げていて当然なのだが、当時の私にはそこまでのボールには見えなかった。

両投手の好投もあって、試合は終盤までもつれる大接戦となった。しかし最後に私たちの追撃が及ばず、監督として初の甲子園は4－5の初戦敗退となった。

あの時、私は「やっぱり甲子園に出てくる選手はみんなすごいんだな」と改めて思った。甲子園出場を果たしたチームは、各都道府県、地域を代表してそれぞれが集まっているのだから、当然といえば当然である。

私が現役で甲子園準優勝した時は、あまり深いことは考えず、ただ楽しんで野球をしていたら決勝戦まで行っていた。その印象のまま、監督として甲子園に行ってしまったのが大きな間違いだった。

こうして指揮官として初めて挑んだ甲子園は、あっという間に終わった。現役の時にはあまり感じなかった「甲子園のスケールの大きさ」を理解できたことが、私にとって何よりの収穫となった。

2004年、2度目のセンバツへ

2004年、私たちは2年ぶりのセンバツ出場を果たした。この時は秋季大会を制していたので、その時点でセンバツ出場がほぼ確定していた。

この時の秋季大会のブロック予選で、私たちは早実のブロックに入った。私自身は「嫌なブロックに入ってしまったな」と感じていたが、選手たちはブロック決勝で早実に2－1で競り勝ち、本大会では決勝の関東一戦を含め、すべてが以下の通り、大差での勝利となった。

2回戦　○12－5　堀越
準々決勝　○9－1　桐朋
準決勝　○10－1　拓大一
決勝　○7－2　関東一

私自身、現役時代はもちろん、監督となってからも早実とは何度も戦っていたが、早実から勝利を挙げたのはこの時が初めてだった。早実との厳しい戦いを制した勢いが、本大会でも続いていた。だからこそ、このような圧勝が続く展開になったのだと思う。

実はこの秋季大会の前の夏の大会において、私たちは都立の雪谷に決勝戦で敗れていた。うちには後にプロ入りする小杉がいたため、下馬評では圧倒的に二松学舎有利。だが、私たちは0－5の完封負けを喫していた。

都立に敗れたことで、いつにも増して私への風当たりは強くなった。でも、私はめげなかった。逆に持ち前の反骨精神に火が着き、「秋の大会では絶対に勝ってやる」と奮い立った。

そんな私の気持ち、熱意が選手たちに伝わったのだろうか。小杉のような突出した実力を持った選手はいなかったが、実直にがんばる選手が多く、一戦ごとにチームはたくましさを増していった。

とくに力を伸ばしたのは、エース左腕の松木基だった。私の現役時代もそうだったのだが、松木はべらぼうに速い球を投げるわけではなく、ましてや威圧感のあるピッチャーでもないのに、なぜかバッターには打たれない。そんな持ち味を彼は一戦ごとに高めていった。

松木が1年の時の3年生のエースが、2002年にセンバツに出場した森だった。そして2年生には本格派の小杉がいた。でも、よく考えると森も小杉も優勝はしておらず、松木は私が監督となってから初の優勝ピッチャーだった。

その後の神宮大会で、私たちは東京代表としてベスト8入りを果たした。やはり、優勝するピッチャーは何かを持っているものである。

その松木の持っている「何か」に期待しつつ挑んだ2004年のセンバツ、私たちは初戦で大阪桐蔭と当たることになった。

当時の大阪桐蔭には2年生に平田良介（中日ドラゴンズ）と辻内崇伸（元読売ジャイアンツ）がいた。

事前の情報では、140キロ超のピッチャーが4人ぐらいいるとか、辻内は150キロを放るとかいろいろな情報が入ってきたが、私の手元に辻内の投球が映ったビデオはなかったので「150キロ？　本当か？」くらいの認識だった。

実際の試合では、辻内は結局登坂しなかった。しかし、平田には見事にホームランを打たれ、私たちは0－5で敗戦。2度目の甲子園でも、記念すべき初勝利を挙げることはできなかった。

夏の決勝、屈辱の10連敗の軌跡❶
王者・帝京の壁

二松学舎の黒歴史として語り継がれている「夏の決勝10連敗」。私の指導法を語る上でも、この10連敗は避けて通れない話題である。ここからは、その10連敗がどのようなものだったのか、そしてどうやって悪夢に終わりを告げたのかをお話ししていきたい。

まず、10連敗の流れはこうである。

【東東京大会決勝戦敗退の結果】

①1971年　日大一　2－12
②1974年　城西大城西　2－5
③1980年　早実　4－10（私は1年生としてベンチ入り）
④1984年　日大一　1－3
⑤1992年　帝京　2－10
1996年、監督に就任
⑥1998年　帝京　3－8
⑦2002年　帝京　3－6
⑧2003年　都立雪谷　0－5
⑨2004年　修徳　2－3
⑩2013年　修徳　6－13

ご覧いただければわかるように、私が監督に就任する前に二松学舎はすでに夏の決勝5連敗となっていた。そのことは私自身もよくわかっていた。夏の甲子園出場は、二松学舎にとっての悲願でもあった。

監督となって3年目の1998年、早速悲願を達成するチャンスが巡ってきた。相手は東東京の王者・帝京だったが、監督に就任したばかりの私にとって、帝京はまだそこまでの脅威を感じる存在ではなかった。

「5回越えられなかった壁を、今度こそ越えてやる」

そう意気込んで試合に臨んだものの、帝京は前田監督となってからそれまでに春夏計3度の日本一に輝く、今でいうところの大阪桐蔭のような強さを誇るチームだった。そのような百戦錬磨のチームに、ビギナーズラックに賭ける新米監督が敵うわけがない。

高校野球とは不思議なもので、卒業してからずいぶんと長い時間が経っても、自分の現役時代に強かった学校は「強い」と感じるし、逆に現役時代に弱かった学校が卒業後に強くなったとしても、「本当に強いの?」とその強さが今ひとつ理解できなかったりする。私にとっての帝京は、まさにその後者にあたる存在だった。

だが、当然のことながら、帝京は私の現役時代の帝京ではなかった。日本一を3度も達成している、国内屈指の強豪校である。その事実をしっかりと理解していなかった監督3年目の私は、二松学舎6度目の決勝でその事実に気づかず、前田監督に軽くあしらわれる結果となった。

夏の決勝、屈辱の10連敗の軌跡 2
勝負師・前田三夫監督から学ぶ

2002年、私たちは7度目のチャンスを手にする。相手は4年前に圧倒的な力の差を見せつけられた帝京である。

4年前の私は、毎日選手たちと一生懸命練習はしていたが「こうやって何年か練習をしていれば、甲子園には行けるだろう」と、今思えば考え方が実に浅薄だった。

だが、あの敗戦から私はすべてを見直し、試行錯誤を続けながら指導に工夫、改良を重ねて勝てるチームを目指した。

その甲斐もあって、先に述べたように私たちは2002年のセンバツに出場していた。この代には、頼りになるエース左腕と100発トリオの強力クリーンナップがいた。前年の秋季大会のように、私たちは帝京に勝って初の夏の甲子園に行くつもりだった。

だが、結局私たちは、決勝でまたしても帝京に敗れることになる。後で気づいたのだが、実はその伏線は春の大会ですでに張られていた。

春の大会の5回戦で、私たちは帝京と対戦した。前年の秋に勝利していることもあり、私はこの試合の先発をエースの森ではなく、2番手の小杉に任せた。理由は、夏の大会の前に森を帝京に見せたくないという思いと、「春の大会だし、小杉に経験を積ませるのもいいだろう」という考えもあったからだ。

一方の前田監督は、エースの高市俊（元東京ヤクルトスワローズ）を先発に立て、鬼気迫る勢いで私たちに向かってきた。

試合は延長戦となり、8－9の1点差で私たちの負けとなった。当時の私は「まあ、春の大会だし、本気を出していないのに接戦だから、夏の大会では帝京に勝てるだろう」くらいの気持ちだった。

だがその後、夏の決勝で再び帝京に敗れ、私は春の大会の前田監督の戦いぶりを理解した。まず、前田監督は春の大会で選手たちに「2回連続で同じ相手に負けることは絶対に許されない」と教えたかったに違いない。その覚悟を伝えるためにベストメンバーで試合に臨み、その勝利を夏につなげようと考えたのだ。

「春の大会は夏につながっている」

それを、私は百戦錬磨の前田監督から教わった。たぶん、今の私ならこの春の帝京戦はエースの森を先発させていたと思う。

今の私は、これまでの戦いからさまざまな教訓を得たことで、実験的なメンバーで公式戦に臨むこともあれば、「絶対にここは負けられない」と全力で行くこともある。選手たちの成長を考えて、そして先の大会を見据えて、時と場合によって戦い方を使い分けている。

夏の決勝、屈辱の10連敗の軌跡 3
悪夢の3年連続決勝戦敗退

2002年の決勝戦に続き、私たちは2003年、2004年と3年連続で決勝に進出した。しかし先の一覧にあるように、2003年は都立雪谷に、続く2004年は修徳に敗れ、「決勝戦9連敗」という記録とともに「3年連続決勝戦敗退」という大変不名誉な記録を作ってしまった。

準々決勝より上の試合で都立と戦うと、球場はいつも異様な雰囲気となる。スタンドのお客さんの大半は「都立がんばれ。強豪私学を倒せ」と思っているから、私たち私学にとっては完全アウェイな雰囲気となる。

２００３年の雪谷戦は、まさにその典型だった。スタンドは雪谷に声援を送り、うちはうちで「都立には勝って当たり前」のプレッシャーも抱えていた。一体何と戦っているのかよくわからない。それがあの決勝戦の印象である。

エースの小杉は、そんな異様な雰囲気の中でがんばって投げ続けたが、9回に内野のひとつのミスをきっかけにして、そこから5失点。緊張の糸が切れた私たちに、逆転する力はもう残っていなかった。

２００４年の夏は、２００２年と同様にセンバツに出場していたこともあり、私たちは優勝候補の一角に挙げられていた。

この時の決勝の相手である修徳は、主力のほとんどが2年生というチーム構成だった。向こうとしては「二松学舎の胸を借りて、思いっきり試合をしよう」と思っていたはずである。

うちも修徳のようにチャレンジャー精神で試合に臨めばよかったのだが、センバツに出場したプライドに加え、この時は3年連続の決勝進出であり、負ければ「3年連続決勝戦敗退」となってしまう試合でもあった。試合前にはマスコミから「3年連続の決勝戦ですが、いかがですか？」と何度聞かれたかわからない。

「3年連続で負けられない。絶対に」

私も、選手たちも、周囲からの重圧を感じずにはいられなかった。緊張感から来る精神的な硬さが試合に影響したのだろう。序盤に私たちは先制するも、追いつかれて逆転され、修徳にそのまま逃げ切られてしまった。

2－3で、よもやの3年連続決勝戦敗退。高校野球の監督として、公式戦の負けはいずれも悔しく苦しいものだが、夏の大会は別格である。しかも、その頂点を極める舞台での3連敗。この時ばかりは切り替えの早い私もかなり堪えた。その後幾日も、寝ても覚めても敗戦のことばかりを考えていた。

夏の大会が終われば、その後は秋の大会に向けて新チームとしてすぐに動き出さないといけない。これがまた、負けたばかりの監督には実にきつい。私は決勝の敗戦から立ち直ってもいなければ、気持ちの切り替えも完全にはできていなかった。でも周囲にはそれを悟られぬよう、明るく振る舞いながら新チームの練習に入っていった。

夏の決勝、屈辱の10連敗の軌跡 4

3年連続決勝戦敗退の後遺症

２００４年の「3年連続決勝戦敗退」後、私たちはしばらくの間、夏の大会の決勝まで行くことができなかった。3連敗の後遺症とでもいったらいいのだろうか。ベスト4までは行くのだがそこで勝てない。なぜなのか、私にも原因はよくわからない。結局、それから私たちは決勝戦まで辿り着くのに、なんと9年もの歳月を要してしまった。

２０１３年の夏の決勝戦。何の因果か、この時の相手も3連敗の時と同じ修徳だった。でも私は「今度こそ絶対に勝てる」と思っていた。この代のエース、大貫純が夏の大会でずっと好調をキープしていたからだ。準決勝の関東一戦でも大貫は絶好調で、関東一打線を抑えて8－1の8回コールド勝ち。試合後、関東一の米澤監督は冗談交じりに「あんなの打てないですよ」と話しかけてきた。決勝戦まで中一日空くこともあり、私は「大貫なら絶対に修徳を抑えられる」と確信していた。

ところが、いざ試合に入ると、大貫は修徳打線から滅多打ちを食らった。中一日空いていたこともあり、大貫の調子は悪くなかった。でも、しっかり芯で捉えられた打球が外野に次々と飛んでいった。「途中で修正してくれるだろう」と思いもしたが、4回終わって8失点。決勝戦に至るまでの大貫のピッチング内容、さらには修徳のバッティング内容を見てもまったく考えられない展開だった。

この試合、安打数こそ、

二松学舎　14
修徳　16

と大差ないが、うちはすべてが単打だったのに対し、修徳は二塁打10、三塁打1とそのほとんどが長打だった。結果的に、試合は6-13の大差での敗戦となった。

試合前、9年ぶりの決勝戦ということはわかっていたが、私も選手たちも「これで負ければ決勝10連敗」とは考えていなかった。決勝戦の連敗記録のプレッシャーはそれほど感じていなかったものの、結局は大敗を喫して私たちは連敗記録を更新することになってしまった。

まさに、悪夢の「決勝10連敗」である。でも、ここで立ち止まってもいられない。新チームのメンバーたちが、グラウンドで「俺たちの時代だ」と目を輝かせている。監督の私にとっては、5度目の長く苦しい夏休みがまた始まろうとしていた。

夏の決勝、屈辱の10連敗の軌跡 5
救世主出現

9年ぶりの決勝戦敗退の次の年（2014年）、私たちは11度目の決勝戦進出を果たした。この大会でマスコミから注目を浴びたのが、「はじめに」でもお話しした左腕・大江、捕手・今村、セカンド・三口の1年生トリオだった。中でも大江の活躍なくして、この大会の優勝は成し得なかったといっていい。

大江は入学して以降、目立った活躍をしていたわけではなく、ただマウンドの度胸はあったので投手陣の3番手、背番号18でベンチ入りしていた。

本校の生徒募集は、私の教え子でもある立野淳平部長に任せている。そもそも立野部長が大江を中学時代に視察したのは、そのチームの他の選手が目当てだった。その時、センターを守っていた大江の動きが立野部長の目に留まり、たまにピッチャーもやると聞いて「左ピッチャーだし」ということで声をかけた（なぜかうちには左ピッチャーが多い。それについては後述する)。そんないきさつもあり、入学当初は私も大江にはまったく注目していなかった。

でも、私がブルペンを覗くと、大江はいつも楽しそうにピッチングをしていた。いつ行っても投げているから、自然と私の目も大江に向く。大江は、誰かが止めなければ何球でも投げそうな勢いで、いつもピッチング練習をしていた。これはどまでにピッチングが好きな選手を、私は見たことがなかった。驚くようなボールを投げていたわけではないが、いつしか私の中に、

「大江はこの先、きっとよくなる」

という確信が芽生えていた。

春の大会終了後の練習試合、明大中野八王子戦で私は1年生トリオを試合で使った。今村はキャッチング、肩ともに申し分なく、バッティングもよかった。三口は線が細いのに、体全体をうまく使ってホームランを打った。大江は滅多打ちを食らった。この時点でもまだ、大江の持てる才能は発揮されていなかった。

その後、大江を一度Bチームに落として経験を積ませた。それから6月に入ってAチームに戻すと、彼はふてぶてしいまでのマウンド度胸で相手を抑えるようになった。ど

んなピンチになったとしても、ハートが強いのでまったく動じない。だが、この時点で夏の大会のレギュラー確定は、キャッチャーの今村だけだった。三口と大江に関しては、ベンチ入りは確定というくらいの状況だった。

そして2014年の夏の大会が開幕。ここでこの1年生トリオが、私たちにとっての救世主となる。

11度目の正直――悪夢を終わらせてくれたスーパー1年生トリオ

夏の大会、うちは第4シードだったので試合は3回戦からだった。初戦の城西戦は5回終わって2-3の1点ビハインド。私はこのピンチに、6回途中からマウンドに大江を投入した。

大江は私の期待に見事に応えてくれた。その後、私たちは7回に3得点（このうちの1得点は大江のヒットによるもの）して逆転に成功。大江は7回以降も城西の反撃をかわし、試合は5-3で勝利した。

試合後、1年生ルーキーの好投ということで大江はマスコミに囲まれていた。その時、彼はまったく緊張していないどころか、注目を浴びて気持ちよさそうな顔をしていた。私はその表情を見て「大江がこの大会のキーマンになるかもしれない」と思った。

城西戦以降、キャッチャーの今村は扇の要として、1年生とは思えない落ち着きぶりでがんばってくれた。三口も途中からは九番・セカンドに定着し、ヒットを量産してくれていた。

私はピンチになる度に大江をマウンドに登らせた。そして彼はいずれの登坂もまったく動じることなく、というよりいつも楽しそうにマウンドに行き、伸び伸びとピッチングをして相手打線を封じ込めた。

そうこうしているうちに、MAX130キロがいいところだった大江が、135キロを出すようになった。大会途中で化ける選手は今までたくさん見てきたが、彼もこの大会中にアドレナリンが出て覚醒したようだった。

そして「11度目の正直」で臨んだ決勝戦。相手は常に私たちの目標となっていた帝京だった。私は帝京という大きな存在が、1年生トリオをさらに覚醒させてくれるのではないかと思った。あの3人の勢いがあれば、10度越えられなかった壁を越えられるのではないか。そんな期待を持って、試合に臨んだことをよく覚えている。

1年生トリオは、二松学舎のそれまでの黒歴史などあまり知らない。だから彼らにはプレッシャーもないし、何より勢いがあった。とくに大江の活躍には目を見張るものがあった。

この決勝戦で、大江は3点ビハインドの6回から登板した。すると、その直後の7回に打線が奮起して同点に追いつき、その後は両チームともに1点を追加して試合は4－4のまま延長戦に突入した。

10回表、二松学舎の攻撃。私たちは二番、三番の連打で1点を入れた。なおも1アウト三塁の好機。普通ならスクイズでもやって1点を取りに行く場面である。しかし、私はここで下手な小細工をしたら、野球の神様にそっぽを向かれてしまうのではないかと思った。相手の嫌がることをしたら、嫌なことをして返されるのではないか。そう考えて四番、五番には普通に打たせて、ヒットは出ず追加点はならず。5－4で10回裏の帝京の攻撃を迎えた。

あの時、マウンドに元気よく走り出していく大江の姿を、私は今でも鮮烈に覚えている。緊張などまったくしていない。「これで抑えれば優勝だ！」と勝つことしか考えていない。かといってプレッシャーも感じていない。「俺なら抑えられる」と自信たっぷりだった。そして何より、彼はいつものようにマウンドで自分のピッチングを楽しんでいた。決勝の大舞台、しかも延長戦のマウンドで、あの帝京を相手にピッチングを楽しめる高校1年生などそうはいないだろう。

大江は、いつも通りのピッチングで帝京打線を三者凡退に抑えた。マウンド上でガッツポーズをする大江のもとに、キャッチャーの今村が駆け寄る。抱き合うバッテリーを中心に、野手とベンチ入りメンバーによって歓喜の輪ができる。スタンドの応援部隊も狂喜乱舞である。「11度目の正直」が実現した瞬間だった。

二松学舎にとって、長く続いた悪夢の終わりである。私の心も喜びに打ち震えていた。でも、なぜか涙は出なかった。優勝の感動よりも、監督としての安堵のほうが強かったからかもしれない。

選手とスタンドの校歌の大合唱を聞いている時、夕刻の神宮球場に涼やかな、とても気持ちのいい風が吹いているのを感じた。

「神宮球場っていいところだな」

神宮球場をそんなふうに感じたのは、この時が初めてのことだった。

２０１７年、２０１８年、夏の大会２連覇達成
――甲子園の魔物に会いたい

夏の大会の決勝でなかなか勝てなかった我々が、２０１４年の優勝をきっかけとして何か憑き物が取れたかのように、２０１７年、２０１８年と2年連続で夏の東東京大会を制した。

10回連続で決勝戦敗退をしていたチームが、いきなりの2連覇である。私自身は取り立てて連敗中に記録を意識することはなかったが、心の奥底ではきっと重圧を感じていたのかもしれない。２０１４年の優勝によって、深層心理に隠れていた重圧が取り除かれ、それがチームに好影響を及ぼした可能性は大いに考えられる。

とくに２０１７年の優勝チームは、２００４年にセンバツに出場した時のチームによく似ていた。プロから注目されるような選手はいないが、黙々と努力するタイプの選手が多く、エース左腕・市川睦の急成長もあって２０１４年以来の3年ぶりの優勝を果たすことができた。

市川は同じ左腕ということで、前チームのエース大江と比べられることが多かった。大江と比べれば、市川は球速もキレも明らかに見劣りした。新チームとなってから、周囲の人から「ピッチャーが弱いですね」とよく言われたものである。

市川が変わったのは、春の大会の日大三戦で打ち込まれ、5回コールド負けを喫してからだった。それまでの彼は気持ちが弱く、かわすピッチングになっていたが、日大三の敗戦を機に攻めの姿勢が出てきた。市川にエースとしての自覚が芽生えていくのと並行して、その他の選手たちも以前にも増して努力するようになった。

私は2014年、2017年、2018年と今まで3度夏の大会で優勝しているが、エースがひとりで大会を投げ切ったのは市川だけである。大エースとなった市川の急成長ぶりを見て、私は「高校生は何かきっかけがあれば大きく変わる」ことを再認識した。そのきっかけを与えてあげることも、指導者の大切な役割なのだと思う。

2017年の夏は、ここまで説明してきたように選手たちが互いに刺激し合い、チームとしての総合力を高めて優勝を獲得したといっていい。

翌2018年の夏は、チームに「勝つ」という雰囲気があった。それは若さゆえの自惚れということではなく、選手それぞれが表にこそ出さないものの、「俺たちは強いんだ」という自信を持っていた。前年の市川を筆頭とした先輩たちが、チームに植えつけてくれた意識だったのかもしれない。練習試合には負けても大会には勝つ。そんないい雰囲気が2018年のチームにはあった。

2018年のチームは、市川のような絶対的なエースはいなかったが継投で相手の攻撃をしのぎ、チーム打率4割を超える打撃で打ち勝っていった。

2017年、2018年の連覇で、私は甲子園常連の強豪校がなぜ強いのかを理解した。3年に一度は甲子園に出場しているチームというのは、在学中に選手たちの思いがずっと引き継がれていく。

「俺たちは強いんだ」

「俺たちは甲子園に行ける」

そんな自信が選手全員にみなぎっているから、甲子園常連校は傍から見ても強く見えるのだ。

コロナ禍もあって、2021年のうちの3年生は甲子園をまったく経験していない。だがその代わり、甲子園を経験した先輩たちが度々グラウンドを訪れて、後輩たちにその経験を伝えてくれている。ここからまたチームを仕切り直し、連覇できるようなチームを作り上げていく。それが、私に与えられた使命だと思っている。

ちなみに現在まで、私が率いた二松学舎は春夏通じて6回甲子園に出場しているが、3回戦進出が最高である。

「甲子園には魔物が棲む」とよく言われる。確かに過去の甲子園では、土壇場で奇跡的なプレーが飛び出したり、あるひとつのプレーをきっかけとして球場のムードがガラッと変わり、信じられないような大逆転が起こったりして、魔物の存在を感じさせるような試合がたくさんあった。

だが、先に述べたように私たちは3回戦進出が最高で、競ったような試合展開も奇跡的な大逆転なども甲子園では経験していない。つまり、私はまだ甲子園で魔物に出くわしていないのである。

もし次に甲子園に出場できたとしたら、甲子園の魔物に会えるよう、いい試合をして勝ち上がっていきたい。

第2章

私の球歴

幾多の出会いが野球人・市原勝人を作った

野球にはあまり興味のなかった少年時代

私が野球というスポーツを本格的にやり始めたのは小学4年生の時、地元である荒川区町屋の学童野球チームに入ってからである。

当時の私はいわゆるガキ大将タイプの子供で、友だちとメンコ、ベーゴマ、チェーリング（リング状の玩具をお手玉のようにして遊ぶ）などをして遊ぶのが大好きだった。野球はみんなでたまに遊びでする程度。だが、4年生になると仲のよかった友だちが次々と少年野球チームに入っていき、休日に遊ぶ友だちがいなくなってしまった。そこで私は、野球がしたくてというより、友だちと遊ぶためにしょうがなく自分も野球チームに入ることにした。

荒川区はもともと学童・少年野球が盛んで、プロ野球選手も多数輩出している地域である。私の教え子である鈴木誠也もそうだし、横浜ＤｅＮＡベイスターズの山﨑康晃投手、少し前の選手だと元西武ライオンズの相馬勝也さん、元横浜大洋ホエールズの竹田光訓さんなども荒川区出身のプロ野球選手である。

当時の私は体格がよく、投げるボールも上級生並みに速かった。入部すると、低学年チームではすぐにエースで四番に抜擢された。しばらくすると上級生チームにも入ってプレーするようになり、5年生を過ぎた頃には上級生チームでもエースで四番を任されるようになった。

6年生の時に、父の草野球に参加したことがあるのだが、私のボールを大人は誰も打てなかった。「あ、俺のボールって大人にも通用するのか」とちょっと驚いたことをよく覚えている。

私が小学生離れしたボールを投げていたこともあり、うちのチームは地元の大会でいつも優勝していた。これは自慢でも何でもないが、ヒットは滅多に打たれなかったのでノーヒットノーランの試合も多かった。都大会か全国大会かは忘れてしまったが、泊まりがけで上部大会に行った記憶もうっすら残っている。

荒川区内の少年野球で、私の名前はそこそこ知られるようになっていった。でも、私は野球には相変わらず興味がなかった。私の興味が野球に向かわなかったのは、遊ぶのが大好きだったことに加え、親からも「野球を一生懸命やりなさい」というようなことを一切言われなかったからだと思う。

私の父はスポーツ経験者ではなく、私に対しても「このスポーツをしなさい」とは言わなかった。基本的には放任主義であり、夜に友だちと銭湯に行く約束をしていて、その時間が門限を過ぎていたとしても「門限より友だちとの約束を優先しなさい」と許してくれた。

父はきっと、私に「人間関係を大事にする」ということを教えたかったのだろう。「人生の財産は、金ではなく人だ」ともよく言われていた記憶がある。

弱小クラブチームから二松学舎へ

小学校を卒業すると私は地元の中学に進み、そこの野球部に所属した。でも、卒業時からいくつかの硬式少年野球チームからも誘いを受けていた。誘ってくれた硬式チームは、いつも優勝候補に挙げられるような強いチームもあれば、1・2回戦負けが当たり前の強くないチームもあった。

強いチームの体験練習に行ったのだが、そこにいる選手、コーチなどがどこか偉そうで、「俺たちはエリートだ」といった雰囲気を醸し出しているのがとても鼻についた。私には子供の頃から反骨心のようなものがあり、権力を振りかざしたり、エリート風を吹かせたりする人間が大嫌いだった。だから、私はその強いチームを自分の力で倒してやろうと、中学の途中から地元の弱い硬式チームに入ることにした。

私の入った硬式チームは優勝こそできなかったものの、上位のチームとそれなりに渡り合い、そこそこの結果を出せるようになった。二松学舎の青木監督から「うちのグラウンドに来なさい」と誘われたのは、ちょうどその頃のことだった。

青木監督は人伝に私の噂を聞きつけ、柏のグラウンドに呼んだようだった。私はまず、青木監督や選手たちが見ている前でフリーバッティングをした。あれは中学2年の終わり頃だったと思うが、私はそのフリーバッティングで柵越えを連発した。

その頃の二松学舎はセンバツにも出場していたし、私の2歳上には白幡隆宗さん（元横浜大洋ホエールズほか）や西尾利春さん（元阪急ブレーブス）がいた。普通の中学生なら、二松学舎の監督や選手の前でプレーしたら相当緊張するはずである。だが、野球に興味のなかった私は、二松学舎がどんな学校なのかもよく知らなかった。だから私はまったく緊張することなく、いつものようなバッティングができた。

高校の野球部は、練習着として上下真っ白のユニフォームを着用する。私はそんなこともまったく知らないものだから「二松学舎には真っ白な練習着なんてあるんだ」と思ったことをよく覚えている。

二松学舎の体験練習には、私の父も同行していた。私がバッティングなどをしている間に、父は青木監督とじっくり話し込んだようで、監督の人柄や考え方をとても気に入ったようだった。家に帰ってからも「あの監督はいい人だ」「あの監督は大したもんだ」と、監督の素晴らしさを家族に力説していた。

中学3年になると、二松学舎の他にも修徳など都内のいくつかの強豪校から声をかけていただいた。野球にはさして興味のない私だったが、父が青木監督を大変気に入っていたこともあり、二松学舎に進学することに決めた。

初めての野球漬けの日々——ピッチャーはやりたくなかった……

二松学舎は今でもそうだが、授業を受ける校舎は都内の九段下に、野球部のグラウンドと寮は千葉県柏の手賀沼のそばにある。

野球部の選手は九段下で昼まで授業を受け、その後電車で柏に戻ってきて寮で昼食を取り、15時頃から練習を始める。大まかなスケジュールは昔も今もまったく同じだ。

今でこそ敷地内に4階建ての立派な野球部の寮があるが、私が現役だった当時の寮は平屋で、見た目は山小屋のような造りだった。木造で隙間風が入ってくるので、冬はとにかく寒かったことをよく覚えている。

柏駅からグラウンドまで、今はスクールバスが行き交うが、当時は路線バスで通うしか方法はなかった。野球部のグラウンドは駅から車で20～30分の農村の中にあるため、路線バスの本数も多くはない。昼に柏に戻ってきて目指すバスに乗り遅れると、その後のバスでは絶対に午後の練習に間に合わない。だからバスに乗り遅れた者は、グラウンドまで走って帰るしか方法はなかった。

朝は5時台に起きて九段下へ行き、授業を受けた後はグラウンドで夜までハードな練習をする。上下関係もあれば、部内の厳しいしきたりもある。野球にそれほど興味のない人間がこのような環境に放り込まれたら、「もう、こんなのやってられない」となってもおかしくはない。

でも、なぜか私にはこのような厳しい環境がとても新鮮に感じられ、「きついけど、甲子園への夢を追いかけるのもいいな」と野球にどんどんとのめり込んでいった。きつい練習に耐える。自分を追い詰める。まるで、スクリーンの中で苦難に耐え忍ぶ高倉健に自分がなったかのように、私は過酷な環境を生き抜く自分に酔っていた。初めて経験した修行のような生活が、私の性分に合っていたのだろう。

幸いにも、私は1年生の春からベンチ入りすることができた。私の他に1年春にベンチ入りしたのは、後に日本ハム入りした尾鼻晃吉。同じくヤクルトに入ることになる上地和彦と、2年秋の新チームとなってからキャプテンとなる南雲孝之（現役の競輪選手。二松学舎野球部ＯＢ会の会長も務めている）は1年夏から。1年生の時にベンチ入りして最後まで残ったのは、この4名だけだった。

私が1年生でベンチ入りできたのは、ピッチャーとしてではなく代打要員としてだった。この頃の私は練習試合などには登坂していたが、まだまだ全国レベルにはまったく達していなかった。

そもそも、私は小学生の頃からピッチングよりバッティングのほうが好きだった。高校に入ってからは、同じ1年生にものすごいボールを投げるピッチャーがいて「こいつには絶対に勝てない」と早々に悟り、「俺はバッターとして生きよう」と決意を固めた。これは私の感覚でしかないが、今思い出してもあの時の彼のストレートは、140キロ以上出ていたと思う。しかもそれが、打者の手元でグンとホップしてくる。本当に「ものすごい」としか形容のできないボールだった。

ところが、その未来のエース候補がなぜか入学早々、野球部だけでなく学校も辞めてしまった。そこで新たなエース候補として、青木監督に目をつけられたのが私である。ピッチング練習などまったくしていない私に、青木監督はある日突然「市原、お前今日の2試合目に先発な」と言ってきた。忘れもしない、あれは仙台育英との練習試合だった。ところが、そこで私は完投勝ちを収めてしまう。その時は「まあ、ピッチャーといっても一時のことだろう」と高をくくっていたが、青木監督の考えは違った。夏の大会が終わると、私は本格的にピッチャーの練習に取り組まされることになった。

恩師・青木久雄監督から学んだ「選手をその気にさせる指導法」

私が現役だった昭和50年代の日本のスポーツ界は、スパルタ全盛である。二松学舎野球部もご多分に漏れず、ビンタは当たり前の世界。とくに私は青木監督から気に入られていたのか、「闘魂注入」とばかりによくビンタをされたものだ。

ある練習試合でこんなことがあった。ピッチャーをしていた私はその日、制球が定まらず四球を連発していた。すると、審判が「ボール」とコールした瞬間に青木監督はタイムを取り、私をベンチに呼びつけた。青木監督の前で直立不動の姿勢でいると、いきなりビンタである。「行け」と言われてマウンドに戻った私が、次の一球を投げるとまたもや「ボール」。すると青木監督は再びタイムをかける。私はベンチに走ってビンタをされ、またマウンドに戻る。次の一球もまた「ボール」で、同じことが3度繰り返された（あの頃は、試合中のタイムの回数に制限はなかった）。

当時はこんなことが当たり前だったため、ビンタをされても私はへこたれるようなことはなかった。ただ、相手チームから「次もビンタかー」などと面白おかしく野次られるのがとても悔しかった。3ボールとなって3回目のビンタをされ、マウンドに戻った私の中で何かが吹っ切れた。

「どうにでもなれ！」と、開き直って投じた4球目はストライクだった。その後、5球目、6球目と3連続ストライクで三振を取った。その瞬間に、私はストライクを取る感覚をつかんだ。

「この感じで投げればいいんだな」

そう気づいた私は制球力を取り戻し、その試合で完投勝ちを収めた。

こんなこともあった。青木監督は取手二の木内幸男監督と親交があり、練習試合もよく行っていた。だが、当時の取手二はとても品のいいチームとはいえず、試合中の野次も相当なものだった。ある選手の野次があまりにもひどく、頭に来た私はその選手が打席に立った時、意図的にデッドボールを投げた。

自分なりにうまくデッドボールをぶつけたと思っていたが、青木監督はそんな私の邪心を見逃さなかった。「タイム！」と青木監督の大きな声が響き、私は当然のようにベンチに呼ばれてビンタを食らった。

青木監督からビンタをされた瞬間は、怒りが込み上げてきた。でも、青木監督のビンタには必ず理由があった。理不尽なビンタは一度もなかったから、逆恨みをしたり「この人とはもうやっていけない」と思ったりすることもなかった。

年がら年中はたかれ、怒られても青木監督のことを嫌いにならなかったのは、私の父が監督を「人物」として高く評価していたことも影響していたと思う。「親父があれだけ信用している人なんだから」と、私も青木監督を心底信用していた。

練習や試合でどれほど怒っても、青木監督はそれを後に引きずるようなことはなかった。寮では、青木監督が風呂に入った時に頭を流す係が決められていた。当時の寮の風呂には、シャワーなどはなかった。そのため、湯船から桶でお湯を汲んで、それを監督の頭にかける係が決められていたわけだ。

この役目は代々、青木監督から直に任命されていた。私はこの任を仰せつかり、毎日青木監督の頭を流した。その際に、青木監督はどんなに怒った後でもあっけらかんとしていた。その時は野球に限らず、世間話などいろんな話を私にしてくれた。ちなみにこのお湯汲み係は、私の前が2歳上の白幡さん、私の後を受けたのが2歳下の初芝清（元千葉ロッテマリーンズ）である。

青木監督は怒るばかりではなく、褒め方も実に巧みだった。褒める時、青木監督は私に直接言葉をかけるようなことはしない。周囲の選手たちに向けて「市原はいい見本である」といったことを言うのだ。みんなの前で褒められて、うれしくないわけがない。最後の夏の大会が終われば、3年生は引退となる。私は卒業後の進路が明確に定まっていなかったが、それでも漠然と野球は続けようと思っていたので夜にグラウンドを走っていると、そこに青木監督がやってきて「お前の高校野球は終わったんだから、もう無理をしなくてもいいんだぞ」と優しい言葉をかけてきたりする。現役時代にそのような言葉をかけられることはまったくなかったので、私も感情が高ぶり「いえ、僕の次のステージはもう始まっているんで」と、一丁前のことを口走ったりしたこともあった（その時は言い終わってから「俺も大人になったな」と自己満足に浸った）。

青木監督は、選手の操縦術に実に長けた人であった。振り返れば、高校時代の私は青木監督の手の平で転がされていただけである。青木監督の指導によっていろんなことに気づかされ、心を駆り立てられた。現代の教育ではスパルタ指導はご法度とされているが、青木監督から学んだ選手をその気にさせる指導を、私はこれからも続けていこうと思っている。

打倒早実で甲子園を目指す

新チームとなった2年生の秋の大会では、私はエースナンバー「1」を託されて、打順は三番だった。

当時の東東京は、私と同学年の荒木大輔の活躍によって早実が夏、春、夏と3季連続で甲子園に出場していた。新チームとなり、私たちは「打倒荒木、打倒早実」に燃えていた。早実を倒して、甲子園に行く。それが私たちの目標だった。

結果的に早実は、荒木大輔の在学中は東京大会をすべて勝ち上がり、5季連続で甲子園に出場することになるのだが、当時の早実は実力だけではどうにもならない、運のようなものさえも味方にしていた。

荒木は確かにいいピッチャーだった。でもストレートが格別に速いわけでも、変化球がべらぼうに切れているわけでもなかった。打てそうなのに、なぜだか打てない。打ったとしても、肝心なところであと一本が出ない。夏と秋の大会では、早実が負けそうになった試合が幾度もある。しかし、彼らは敗戦濃厚な試合もひっくり返してしまう不思議な力を持っていた。

二松学舎がセンバツ出場を決めた2年秋の大会で、私たちは早実と決勝で戦った。そのひとつ前の準決勝では二松学舎が第1試合で勝利し、早実より一足先に決勝進出を決めていた。私たちは試合終了後、第2試合の早実対日大二を観戦したのだが、そこで早実の驚異的な粘り強さを見せつけられることになった。

最終回の9回、早実は1点差で勝っていた。しかし、裏の日大二の攻撃でホームランが飛び出し、7－7の同点となって試合は延長戦に。あの頃の神宮第二球場はナイター設備がなかったため、11回で決着がつかなければ日没再試合となる。

同点のまま進んだ11回裏、日大二最後の攻撃。先頭打者が、もう少しでホームランというフェンス直撃の三塁打を放った。延長最終回で無死三塁、早実としては絶体絶命の大ピンチである。ところがその後、早実バッテリーは2打者を連続敬遠して満塁策を取った。そして荒木は続くバッター3人を見事に抑え、試合を再試合に持ち込んだ。再試合では、早実はゲームを終始優位に進め、8－1の8回コールド勝ちを収めた。

そして迎えた私たちと早実の決勝戦。私と荒木のエース対決でもある。

「絶対に勝つ」

その思いだけで私たちは戦った。８回終わって４－２で二松学舎のリード。９回表の早実の攻撃を抑えれば、私たちの優勝が決まる。私たちは目標としていた「打倒荒木、打倒早実」を成し遂げようとしていた。

ところが、早実の粘り強さは準決勝で終わってはいなかった。私は２アウトまで漕ぎつけたのだが、長打によってふたりのランナーを一気に還され、追いつかれてしまった。ギリギリのところで踏ん張っていた私の緊張感の糸がここで切れた。その後も４点を取られて、最終回の１イニングで６失点。裏の攻撃で二松学舎は得点を挙げることができず、私たちの秋の大会は４－８で準優勝に終わった。

悔しかった。早実の強さは十分にわかっていたし、その早実をあと一歩のところまで追いつめたのに、最後に突き放されてしまった。野球の技術云々というよりも、人間として荒木たちに負けた気がして、本当に悔しかった。

よもやのセンバツ準優勝――甲子園に二松学舎旋風巻き起こる

早実に逆転負けをした悔しさは、その後しばらく経ってもまったく薄れることはなかった。4点も点差が離れてしまったことにより「もしかしたら、センバツから漏れてしまうかも」という不安もなかったわけではない。

しかし、当時は東京から2校が選ばれることはほぼ既定路線となっていた。場合によっては3位のチームが選出される年もあったが、準決勝再試合で早実は日大二を8－1のコールドで下していたため、よほどのことがない限り私たちが選出から漏れるとは思わなかった。

年明けの選考会の結果、めでたく私たちは2年ぶり2度目の甲子園出場を果たすことができた。センバツ出場が決まると、青木監督は私たちに「絶対に早実よりも先に負けるな」と発破をかけた。

私たちは青木監督に言われた通り、早実よりも先に負けなかった。早実は準々決勝の横浜商戦で1－3と敗れ去ったが、私たちは奇跡の決勝進出。このセンバツでの戦績は、次の通りである。

［第54回選抜高等学校野球大会　二松学舎の戦績］

1回戦	○	長野	3－0
2回戦	○	鹿児島商工	4－3
準々決勝	○	郡山	8－3
準決勝	○	中京	3－1
決勝	×	PL学園	2－15

私は初戦の長野戦で、そんなに調子はよくなかったものの6安打完封という結果を残すと、その後は波に乗って準決勝まですべてのゲームをひとりで投げ切った（決勝のPL戦は7回で一度退くが、最後にまたマウンドに戻った）。

初めての甲子園のマウンドとなった初戦。私はまったく緊張しなかった。「これが甲子園か」とマウンドからの眺めに感動したことを覚えている。また、甲子園のマウンドは私にとってとても投げやすかった。

緊張しなかったのは、ここまで何度か述べてきたが、私が子供の頃から野球というものにあまり執着しないで生きてきたからだと思う。小学生時代から「目指せ、甲子園」というような生き方をしていたら、私も初のマウンドに緊張していたかもしれない。

長野戦で完封勝利を挙げた後、マスコミからインタビューを受けたのだが、その人数の多さに圧倒された。そして勝ち上がれば上がるほど、その人数は増えていく。それで私の心が浮つくようなことはなかったが、「甲子園で勝つということはすごいことなんだ」と私は改めて認識した。

準決勝では、優勝候補の中京と対戦した。野球に対して興味のなかった私でも、中京の伝統と強さは知っていた。優勝候補だったこともあり、私は「中京には勝てないだろうな」と戦前に感じていた。

当時の中京のピッチャーには野中徹博（元阪急ブレーブスほか）、紀藤真琴（元広島カープほか）の2枚看板がいた。試合前に私たちはそんな中京ナインと、同じ練習グラウンドでネットを隔てて一緒にバッティング練習を行った。

青木監督は、きっと私たちに「中京なんて大したことはない」と伝えたかったのだろう。中京の練習を見ながら、私たちに「見てみろ。何も考えずにあんな力任せに打つだけでは勝つ野球はできない」と言った。そして「お前たちは中京にはできない考える野球、つなげる野球ができる。だから、今は中京に張り合おうとして強い打球を打たなくてもいい。逆方向に転がす意識でバッティング練習をしよう」と続けた。今振り返れば、青木監督は私たちが試合前に委縮してしまわないようにと、そのような声がけをしたのだろう。そのおかげで、私たちは中京をとくに意識することなく戦いに入ることができたのだから、まったくもって青木監督ならではの見事な操縦術というほかない。

ゲーム中、私たちはトリックプレーやサインプレーで、中京から3つほどアウトを取ることができた。これも、私たちに余裕がなければできなかったことである。

接戦となったゲーム終盤には、中京の選手たちが焦り出したのがよくわかった。私は焦る中京の選手を見て、冷静に「なんだ、中京の選手もやっぱり俺たちと同じ、普通の高校生なんだな」と感じていた。シーズン中は各大会で毎回のように、私たちは大人の戦い方をする早実に揉まれていた。その度重なる経験によって、私たちも気づかないうちに大人の戦い方を身につけていたのだ。

戦力的には、早実よりもはるかに中京のほうが強かった。でも、早実の選手たちは自分たちの意思を持って戦っていたのに対し、中京の選手たちは監督の指示がなければ動けないロボットのように見えた。私たちは中盤以降、1点ずつ小刻みに得点を挙げ、そのまま3－1でまったく危なげなく勝利した。

決勝のPL戦では、さすがに準決勝までの疲れが出たようだ。キャッチャーの尾鼻は初回に投じた1球目を受けて、あまりにもボールが来ていないことから「これはダメだ」と思ったそうである。

それでも、センバツの準優勝は二松学舎の野球部史上最高の成績だった。甲子園で二松学舎旋風を起こした私たちがその後東京に戻ってくると、周囲の騒ぎ方は想像以上だった。私の生活も、それまでとは一変することになった。

センバツ後、調子がなかなか戻らない

センバツ準優勝を手土産に東京に帰ってくると、私を取り巻く状況は一変した。スポーツ系の新聞や雑誌の取材だけでなく、『セブンティーン』のような女子中高生が読む

雑誌からも取材を受け、大きく取り上げられた。

学校の行き帰り、駅には私を待つ女の子たちがたくさんいた。学校には段ボール箱いっぱいのファンレターも届いていた。それまではただの高校球児だったのに、まるで芸能人のような扱いを受ける。普通の球児であれば舞い上がってしまうところだろうが、私は「どうせキャーキャー言われるのも今だけだろ」とわりと冷めた感じで周囲の状況を見ていた。

たぶん私には欲がなかったから、この大騒動を冷静に受け止められたのだと思う。甲子園やプロ野球を目指しているわけではないのに、気づいたら甲子園に出ていて、気持ちよくマウンドで投げていたら準優勝していた。

「ただ野球をしていただけなのに、なぜこんな騒動に?」

これが嘘偽りのない、当時の私の本心である。

一躍時の人となった私を見て、青木監督からは「市原、調子に乗ってんじゃねぇぞ」と言われることもあった。でも私は、まったく調子に乗っていなかったし、浮ついてもいなかった。それよりも「早くこの騒動が収まらないかなぁ」と願う気持ちのほうが強かった。

とはいえ、私も10代の少年だったわけで、女の子たちから騒がれれば「俺ってモテてんのかな?」と勘違いしそうになったこともあった。でも、私はすぐにこう考え直した。女の子たちは、テレビや雑誌で私を見かけて騒いでいるに過ぎない。市原勝人がどういう人間なのかを知った上で、近づいてきているわけではない。野球部には、校内の複数の女子から告白されている選手が何人かいた。「やつらのほうが俺よりよっぽどモテているじゃないか。俺のモテ方は偽物だ」と素直に思っていた。

センバツから戻ってくると、すぐに春の大会が始まった。甲子園からの帰りの新幹線では、青木監督は「市原、お前は春の大会はしばらく休んでいいから」と言ってくれた。でも、春の大会の初戦、國學院久我山戦に先発したのは私だった。おそらく青木監督の負けず嫌いから、結果として「やはり先発は市原だな」となったのだろう。

実は私はセンバツから戻ってきて以降、ピッチング練習をしても思うようなボールが投げられなくなっていた。どこが痛いというわけではない。力が入らないというか、思いっきり投げてもボールが走らない。

「こんな調子で抑えられるんだろうか……」

そんな不安を抱えながらいいピッチングができるはずもなく、國學院久我山戦は3－

9の大差で敗れた。この時の國學院久我山は、準々決勝で日大三を破りベスト4に進出した。後から考えると、調子の戻らない私が抑えられなくて当然といえば当然だった。

燃え尽き症候群——最後の夏は4回戦敗退

初戦敗退となった私たちは「春の大会に負けて、ここから心機一転」というわけにはいかなかった。二松学舎はセンバツ準優勝だったため、その後の関東大会への出場がすでに決まっていたのだ。

春の大会を勝ち上がってきた都県の代表による関東大会。1回戦の相手は、千葉の成田だった。まだ、私の調子は戻ってはいない。結果は6-7xの延長10回サヨナラ負け。この試合もがんばってひとりで投げ続けたが、最後に力尽きた。

その後も調子はまったく上がらず、練習試合でも勝てない日々が続いた。スポーツ新聞には「センバツ準優勝の二松学舎、○連敗」といった記事も載った。周囲からの期待は痛いほど感じていたので、気持ちは焦るばかりだった。

今思えば、あの時の私はセンバツで精神と肉体、両面の疲労を相当蓄積していたのだと思う。甲子園の決勝戦で、キャッチャーの尾鼻が1球目を受けて「これはダメだ」と感じたように、私の体はあの時点ですでに限界を超えていたのだろう。

しかし、若さゆえにその自覚症状もなく、甲子園のマウンドではアドレナリンだけは出ているから、何とかがんばれてしまった。東京に帰ってきてからの私は、いわばもぬけの殻の状態だった。本来であれば、英気を養うべく一か月程度は休む必要があった。でも、当時のスポーツ界にはそのような考え方はあまりなく、「調子が悪いのは、気合が足りないからだ」で片付けられてしまう時代である。私はそのまま夏の大会が始まるまで、だましだましピッチングを続けた。

夏の大会には、控えピッチャーとして1年生の初芝もベンチ入りしていた。初戦の小山台戦には初芝が先発したが、青木監督は「完投させるには荷が重い」と考えたのだろう。途中からは私が投げ、その後2回戦以降はいつも通り私が先発を務めた。

私の最後の夏の大会の戦績は、次の通りである。

1回戦　○6－1　小山台

2回戦　○　12－5　都高専
3回戦　○　7－0　葛西南
4回戦　×　1－4　足立

見ての通り、私たちの夏は4回戦で終わった。勝てば準々決勝で早実と当たるはずだった。私たちに勝利して準々決勝に駒を進めた足立は、早実に0－9の大差で負けた。そして早実はその後も勝ち進み、5季連続の甲子園出場を成し遂げた。

あの時のチームは、私もその他のチームメイトも、センバツ準優勝によって「俺たちは高校野球に足跡を残した」という満足感があった。「これ以上、何を望めというのか？」といった達成感。言い換えれば、たぶん燃え尽き症候群のような状態になっていたのであろう。

チーム内では「夏も甲子園に行くんだ！」とお互いに鼓舞し合っていた。でも、燃え尽き症候群となっている自分たちには、なかなか火が点かない。みんながそれぞれに、一生懸命チームを奮い立たせようとしていた。だがチームの士気はなかなか高まらず、くすぶった気持ちのまま私たちは夏の大会へと入っていったのだ。

前年の秋の大会は、「早実を倒して甲子園に行くぞ！」という熱い気持ちがチーム内にあった。でも、夏の大会前にはそのような熱い気持ちが戻ってこなかった。「早実を倒す」ではなく「なんとか早実と戦うまでは行かないと」という感じだった。こうして、私たち3年生にとって最後の夏が終わった。

プロに行けず大学進学——歌舞伎町で人生勉強

夏の大会が終わり、私は「プロ野球へ行きたい」という思いを持ちながら、卒業後の進路を考えていた。

センバツで準優勝してから、私たちのグラウンドにもプロ野球のスカウトが度々訪れるようになっていた。当時、プロ入りの可能性ありと目されていたのは私を含めたクリーンナップの3人だった。

三番　キャッチャー　尾鼻晃吉

四番　サード　　　　　上地和彦
五番　ピッチャー　　　市原勝人

ドラフト当日には、学校の会議室に記者会見場も設けられた。私たち3人はそこに控えて、ドラフトの指名を待った。

4巡目までは誰も指名されなかった。記者会見場に重い空気が流れる中、5巡目に尾鼻が日本ハムファイターズに、上地がヤクルトスワローズにそれぞれ指名された。だが、6巡目以降も、私の名前が呼ばれることはなかった。

高校入学当時は、甲子園にもプロ野球にも何の興味もなかった私だが、甲子園準優勝を経験したことと、白幡さんや西尾さんといった先輩方がプロ入りを果たしたことで、いつの間にか「自分もプロで野球がやれたらいいな」と思っていた。好きな野球をして、給料ももらえるなんて最高の仕事ではないか。そんなふうに思っていたので、指名から漏れた時は想像以上にショックだった。

結局、青木監督の勧めもあって、私は東都リーグに所属する日本大学へ進学することになった。当時の日大野球部は1年生だけでも50～60人、4学年合わせて200人ほどの部員がいた。

センバツ以降、ピッチャーとしての成績が低迷していた私は、「打つほうが性に合っている」と感じていた。だから本音をいえば、大学ではバッターとして勝負したかった。でも、周囲は私のことを「センバツ準優勝投手」という目で見てくる。そのため、大学ではまずはピッチャーに専念することにした。

大学1年の秋のリーグ戦で私は大学入学後、初めて先発を任された。その時、私は打順こそ下位だったが2安打を放ち、投げるよりも打つほうで目立った。私自身、大学の時も社会人の時も、投げるより打つほうに自信があった。当時、それぞれの監督から「バッターに転向するか?」と提案されたこともある。

日大野球部の雰囲気は、高校の時のような野球漬けという感じではなかった。がんじがらめに拘束されることもない。基本的にはすべてが選手の自主性に任されていた。

合宿所は桜上水にあったのだが、20歳になると京王線一本で行ける新宿(歌舞伎町)で遊ぶことを覚えた。休みになると、仲間と歌舞伎町に飲みに繰り出す。高校3年間をストイックに過ごした反動でもないのだろうが、私は野球以外にも楽しめること、熱中できることを見つけてしまった。「大学野球は、こういう人生勉強をするためでもあるんだ」と変な理屈をつけて、自分を納得させていた。

練習もそれなりにやってはいたが、高校の時ほど本気ではなかった。そんな感じの大学野球生活を送っていたため、芳しい成績が残せるわけもない。

しかし、なぜか「まだ野球を続けたい」という思いは心の中にあった。「俺はまだできる」という根拠のない自信というのだろうか。プロは無理でも、社会人には行けるはずだと思っていた。だから、そのための帳尻合わせではないが、4年秋の最後のリーグ戦ではチームの抑えとしてフル稼働した。

社会人に進んで気づいた野球への感謝
――クビになるまで野球を続けよう

4年秋のリーグ戦が終わり、私はいくつかの社会人野球チームの練習に参加した。その中で熱心に声をかけてくれたのがNTT信越だった。

NTT信越はその名の通り、所在地は長野である。東京の夜の楽しさを知ってしまった私は、東京から離れるのはできれば避けたかった。しかし、当時のNTTは民営化されたばかりで、就職先としても大人気の企業だった。野球ができなくなっても、NTTなら将来は安泰である。しかもNTTの担当者は、野球を引退したら東京に戻ってもいいと確約してくれた。そこで私は、NTT信越にお世話になることにした。

私が大学野球をしていた当時、日大からプロや社会人野球に進めるのは50人程度いる4年生のうち5~6人だった。私の代はプロに行った人間はおらず、6人が社会人に進むことになった。

上のレベルで野球がやりたくても、ほとんどの人間はその願いが叶わず、一般企業に就職するなどしていた。そういった周囲の状況を見て、私は「社会人で野球を続けられるのは、ありがたいことなんだ」と気づいた。

NTT信越に入社した私は、「野球ができるだけでありがたい」と感謝心を持って野球に取り組むようになった。すると「とことん野球を続けよう。自分から辞めるのではなく、会社から辞めなさいと言われるまで野球に取り組もう」という覚悟が生まれた。プロはもちろんだが、社会人で野球のできる人間もほんの一握りである。社会人に進みたくても進めなかった選手たちのためにも、自分はがんばらないといけないと思った。

また、甲子園で準優勝だったこともあって「社会人では日本一になりたい」という気持ちも芽生えた。甲子園に置いてきてしまった「日本一」という忘れ物を取り戻す。いつしか、それが私の目標となっていた。

冷めかけていた野球への情熱を、再び高めてくれる存在がもうひとつあった。それは、当時のＮＴＴ信越の柳沢敏幸監督である。

柳沢監督はとても厳しい指導者だったが、怒られるにしてもそこに高校時代の青木監督のような愛情を感じた。ハードな練習を毎日課せられ、怒られているうちに「これだよ、俺の求めていた野球は」と気持ちが奮い立っていった。

私が入部してから、チームは3年連続で都市対抗出場を果たした（その前にも、柳沢監督は6年連続でチームを都市対抗に導いていたので都合9年連続）。ただ、2年目の都市対抗の時期に私は髄膜炎になり、監督には戦力として期待されていたが出場は叶わなかった。

3年連続の都市対抗では日本一こそ成らなかったが、私の社会人野球人生は充実していた。だが、入社4年目のシーズンに入ろうとしている時に柳沢監督の退任が決まった。そして時期を同じくして、私は会社から「野球部は今年で上がってもらいます」と告げられた。

野球部クビを宣告されたのだが、悲しくはなかった。やるだけのことはやったし、当初目標に掲げた「クビになるまで野球を続ける」が全うできたことに満足していた。だから、気持ちはなぜか晴れやかだった。

柳沢監督は監督を退任しているのに、私のクビを知ると「市原を東京に戻してやってくれ」と会社に掛け合ってくれた。そういう義理人情に厚い人だった。

ここからは、柳沢監督との後日談である。柳沢監督はその後数年してからNTT信越の職員も辞め、母校である長野・小諸商業の監督となった。その時は私も二松学舎の監督となっていたので、何度か練習試合でお手合わせをいただいた。恩師との試合はいずれも、他の試合ではあまり感じられない感慨深さがあった。

柳沢監督は、残念ながら2010年にお亡くなりになった。私は柳沢監督からの教えを胸に、これからも二松学舎の監督として、柳沢監督の分までがんばっていこうと思う。

サラリーマン生活で社会の裏表を知り、母校の監督に

ＮＴＴ信越野球部をクビになり、私は東京に戻ってきた。そこで会社から任ぜられたのは、料金回収の仕事だった。料金回収とは、電話代を滞納している会社や家庭からその滞納分を回収する仕事である。私は渋谷地区の料金回収の担当となった。

料金を滞納している会社や家庭は、いわゆる「普通」のところはあまりなく、今でいう反社会系のところが結構あった。私は体が大きかったこともあり、気づけばそっち方面の事務所やお宅を任されるようになっていた。

私のような料金回収担当者は社内にたくさんおり、それぞれが１０００件単位で担当を持っていた。私たちはまず、滞納している会社や家庭に督促の郵便を出す。その後、滞納が続けば「電話を止めますよ」と直接電話をかける。それでも滞納が続けば実際に回線を止め、直接事務所なり、家なりを訪ねて契約解除の手続きをするのだ。

私が出向く先には怖い方々がたくさんいたが、あまり苦ではなかった。そういう強面

の方も、会話を重ねているうちにやさしくなったりするものである。

しかし、中には「ふざけるな」と逆上する人もいた。とある反社会系団体の事務所の電話を止めた時には、宮益坂にあった私の会社の前に街宣車がやってきて「おーい、料金担当の市原、出てこい！」と名指しされたこともあった。

私たち料金担当の部署は、事務所の壁にそれぞれの回収率を記した折れ線グラフの表を貼り出していた。ほとんどの人は96％から99％のところに位置しており、１００％の人はいなかった。

すると、私に「この物件を回収すれば１００％になる」というチャンスが巡ってきた。最後の1件は老人の住む普通の家だった。ただその老人がちょっと変わった人だった。

老人は周囲の地上げに反対して、ひとりで古い平屋に住み続けていた。とても頑固な人で、何度通ってもまったく料金を払ってくれる気配はなかった。

そんなある日、その老人から「払ってやるから来い」と会社に電話がかかってきた。私はすぐに駆けつけて「ありがとうございます！」と玄関を開けると、小銭の詰まった大瓶が飛んできて足元で割れた。

「ほら、払ってやったぞ。拾え」

私に怒りはなかった。回収率100%を達成できる喜びしかなかったので、「ありがとうございます！」と言いながら、小銭を拾った。

この料金回収の仕事は、私に合っていたように思う。いろんな人間に出会えて面白かったし、普通の人では見ることのできない社会の裏側を知ることもできた。

二松学舎の監督を引き受けて保健体育の教師となった時、学校の先生たちから「今の子はとても大変だから」と言われた。でも、料金回収によって数多くの変わった大人たちと接触してきた私には、汚い大人たちに比べれば生徒たちはとても純粋でかわいく感じられた。人生勉強の意味においても、サラリーマン時代に料金回収の仕事をしていてよかったと思う。

NTTで働いている時、ぼんやりとだが私の中には「いずれは高校野球の指導者に」という思いはあった。

そのことを青木監督に相談すると「今は教員の免許を持っていないと、監督になるのは難しい」と言われた。私は大学時代、野球部の活動があったため、教育実習だけはクリアできていなかった。そこで、仕事の合間に有給などを取って教育実習を終え、教員免許を取得した。

料金回収の仕事をしている時にも、臨時コーチのような形で母校には関わっていた。そんな私に「監督をやらないか」と話があり、私は躊躇なくお受けした。そして、1996年春から正式に母校の監督に就任したのだ。

とはいえ、当時の私はまだ31歳と若く、監督としてはひよっこ中のひよっこだった。「俺に監督が務まるかな」という不安がなかったわけではない。ただ「まあ、ダメだったら辞めて他の仕事を探せばいい」と開き直ってもいた。いずれにせよ、あの時はその後10年も20年も監督をやるつもりはなかった。それが気づけば、もう25年である。人の人生とはわからないものだとつくづく思う。

鈴木誠也と秋広優人の高校時代

私の教え子でプロ入りした鈴木誠也と秋広優人は、ともに高校時代は甲子園に出場していない。そのため本書では、ここまでふたりの話にあまり触れることができなかった。そこで、本項ではふたりの高校時代についてお話ししたい。

まずは、今や「日本の四番」にまで成長した誠也についてお話ししたい。彼に関してよく聞かれるのは「高校時代の監督として、ここまでの選手になると思っていましたか?」という質問である。

正直に言おう。誠也がここまでの選手になるとは、まったく思ってもいなかった。もちろん、高校時代から才能の片鱗を感じさせるものはあった。その証拠に、彼は1年の夏からファーストのレギュラーとして主軸を担っていた。

かつての私の教え子の中には、誠也クラスの才能の持ち主は何人かいた。しかし、誠也がなぜここまで飛び抜けて素晴らしいプロ野球選手になったのかといえば、それはひとえに彼のたゆまぬ努力の成果である。プロ野球という世界が、誠也にとても合っていたともいえるだろう。また、チャンスをものにする強い運も、彼は持ち合わせているように思う。

誠也は高校時代、先輩にかわいがられる存在だった。先輩だからといってひるむことなく、かといって食ってかかるようなこともない。素の自分をさらけ出し、おちゃらけたりするから年上にはかわいがられた。そういう意味では、彼はプロに入ってからもきっと周囲の先輩たちを見てひるまなかったのだろう。「あ、テレビで見ていた人たちだ」

とビビったり、卑屈になったりすることなく、この人たちに勝たなければレギュラーは取れないのだと、冷静に状況を分析して努力を続けていたに違いない。

彼は立場が上になったからといって、先輩風を吹かせるような人間でもなかった。どのような立場になろうとも、いたって普通。「日本の四番」となった今、決して偉ぶらない彼の人間としての評価は、これからさらに上がっていくと思う。

次に、2021年から読売ジャイアンツでプレーしている秋広優人は、25年の私の監督人生の中でもっとも身長の高い（196センチ）選手である。

うちに入ってきた当時の秋広はまだ身長が伸びている最中で、中学時代も本格的にピッチャーをしたことはないようだった。1年生の頃、試しにピッチャーをやらせてみたが、ボールにまったくキレがない。そこで、ピッチャーとしては長い目で見て育てようと決めた。

ただ、体をやわらかく使って、バットをしならせて打つバッティングには目を見張るものがあった。打率はそんなに高いほうではなかったが、ファーストの守備はそつなくこなすし、内野手からの送球を受けるのもうまかった。1年生の秋からはファーストのレギュラーとなり、ピッチャーもするようになったのは2年生の秋からである。

彼のいいところは、身長は高いのに体のバランスがとてもいいという点に尽きる。下半身、上半身のバランスがいいから、打つのも投げるのも体をうまく使って力みなくプレーできる。2021年、ルーキーとして参加したキャンプで、秋広はジャイアンツの首脳陣からバッターとしてとても高い評価を受けていた。あれも彼が力みなく、体をうまく使って強い打球を放っていたからだろう。

誠也はプロの世界でしっかりと結果を残し、今や球界を代表する選手となった。秋広ももちろん心の中では「誠也先輩を超えるような選手に」と思っているはずである。秋広が一軍に昇格し、誠也と戦う日が一日も早く来ることを、そしてケガなく活躍してくれることをただ願うばかりである。

第3章

指導の極意

個性を伸ばし、チームを強くする

指導法の移り変わり――試行錯誤は今も続く

1996年4月、私は二松学舎野球部の監督に正式に就任した。その当時、私が目指したのはずばり、恩師である青木監督がしていた緻密な野球である。

大学、社会人と進み、そこでいろんな経験をすることで私は自分の野球観を養ってきた。そして、自分の原点でもある高校野球に戻ってきて「さて、どうしようか」となった時、私の頭に真っ先に浮かんだのは青木野球だった。私に高校野球を教えてくれたのは青木監督である。まずは青木野球を実践して、そこから自分なりのアレンジを加えていこうと考えた。

青木野球を端的に表現すれば、守りを中心とした緻密な野球ということになろうか。まずは相手に点をやらない守備をして、機動力を駆使した戦術で得点を挙げて勝つ。基本はそういったところだが、青木監督ならではの相手の裏をかく巧みな采配もたくさんあった。

例えば、スクイズやエンドラン、セーフティーバントなどのサインが、追い込まれたカウントでも平気で出てきた。とくにセーフティーバントは、追い込まれたカウントになれば三塁手は定位置に下がり、成功する確率が高くなるのでよくサインが出た。相手から見れば「えっ⁉」というような采配も、私たちにとっては当たり前だった。

しかし、そういった相手の意表を突く戦術は、野球のセオリーを理解していないと実践できない。私たち選手は、青木監督からミーティングでそのセオリーを一から教わった。守備練習でも、バントシフトなどの基本練習には多くの時間が割かれた。

野球のスタイルは青木野球を実践したが、時代の流れもあって指導スタイルも昔のようにスパルタ式というわけにはいかない。私は社会人上がりだったこともあり、最初の1〜2年間はとてもさばさばした指導をしていたように思う。

「選手たちを自分の指導でよくしよう！」とするのが熱の入った指導だとするならば、就任当初の私は「いいものはいい。ダメなものはダメ」と割り切った、実にさばさばした指導をしていた。

でも1年、2年と選手たちと触れ合っていくうちに、当然のことながら情も出てくれば、練習に熱も入ってくる。就任1年目に1年生だった選手たちが3年生となる頃には、私はだいぶ熱の入った指導者となっていた。当時の私はまだ30代前半だったから、貪欲に勝利を追い求め、選手たちを鍛え上げるために相当厳しく接していたように思う。

だが、そういった厳しい指導も、２００２〜２００４年の「夏の大会3年連続決勝戦敗退」あたりから変わり始めた。上から押しつけるような一方通行の指導法では、選手は伸びていかないと私自身が気づいたからである。

昭和の流れを汲む指導は、監督主導型だった。プレーするのは選手のはずなのに、「監督が勝たせる」という考え方が主流だった。しかし、それがだんだんと「プレーするのは選手たち」「選手が主体である」という考え方に変わってきた。私も数多くの悔しい敗戦を通じて、「選手を鍛え上げる」から「選手の力をどう発揮させるか」という点に着目するようになっていった。

どうしたら、選手たちが１００％の力を発揮できるか。そのための私の試行錯誤は今も続いている。

選手をなるべくいじらない——自然に育つ環境を作る

私は、投げ方や打ち方がちょっとおかしい選手であっても、あまり細かく体の動かし方を指導したりはしない。1年生トリオでセカンドを守っていた三口もそうだった。三口は捕球からスローイングまでの動きが、決して美しいとはいえなかったが、アウトにする能力はあったので、技術的な部分でとくに触ることはなかった。

「選手をなるべくいじらない」

それが、私の指導の基本スタイルである。

「こういうスイングをしたらいいのに」とか「こういうフォームで投げれば、もっと速いボールが投げられるのに」と思う選手はたくさんいる。かつての私は、そのような選手たちに手取り足取り「こうするんだ」と細かく指導をしていた。

でも、そのような指導をしていても、なかなか甲子園に辿り着くことができなかった。

自分の指導に限界を感じた私は「今までの自分のやり方が間違っていたのではないか？」

と思うようになった。

私が打ち方や投げ方を指導して直るのであればいいが、私がよかれと思って教えたことによって、選手の状態を悪化させる可能性もある。また、悪いところは直ったが、その代わりにそれまであった長所が消えてしまった。だったら前のほうがよかった。という事態にならないとも限らない。選手の長所を消してしまうくらいなら、私が我慢すればいい。個性を伸ばすことに重きを置き、欠点を修正するのは最小限にとどめる。私はそのような指導をするようになった。

例えば、強い打球を打つための理想的な打撃フォームがあったとする。でも、そのフォームは選手Aには合っているかもしれないが、選手Bに合うとは限らない。それなのに、選手Bに対して「こう打つんだ」と本人には合わないフォームで打つように矯正したらどうなるだろうか?

杓子定規な指導は、大切なものを見失わせる。その選手をよくしようと思うのなら、一人ひとりに合った指導、声がけが必要であり、時に教えたい気持ちをぐっと我慢する忍耐も必要である。指導者の自己満足だけの「教えすぎ」は禁物だ。

私の長年の経験からいえば、技術的な修正をするには選手の頭で理解させるのではなく、体に染み込ませるようにしたほうがいい。先に述べたように強い打球を打たせたいなら、フォームを理屈で説明するのではなく、まずロングティーをさせてどのポイントで打てばいいのか、どういうスイングをすればいいのかを選手自身に体で理解させるのだ。選手も気づかないうちに、練習していたらフォームが改善されていた。私はそのようなパターンが、選手にとって最善の指導だと考えている。

極論をいえば、私が本当にいい指導者なら、毎年鈴木誠也のような選手を育てられるはずである。でも、選手は育てるものではなく、育つものなのだ。指導者はそこを履き違えてはいけない。

監督は謙虚でなければならない。「俺は何人育てた」と傲慢に考えるのではなく「一体何人の選手を潰してきたのか」と、まずは自分に問うことが大切だと思う。その自問自答から、最善の指導が見えてくるのだ。

夏の大会3年連続決勝戦敗退から学んだこと
――マイナス・欠点ばかりを見ない

第1章でも述べたが、ただでさえ決勝戦敗退は堪えるのに、それが3年連続ともなればどんなにメンタルの強い人間でも相当へこむはずである。3連敗した神宮球場での試合直後、私はロッカールームにあった椅子に座っていたのだが、しばらくは立ち上がることすらできなかった。

周囲にはマスコミが輪になっていたように記憶しているが、私の落ち込みようを見て誰も声をかけてこない。そんな私を見かねて声をかけてくれたのが、スポーツ報知の三宅広美記者である。旧知の間柄である三宅記者は、タイミングを見て私に走り寄ってきて「先生、あきらめたら終わりですよ」と声をかけてくれた。そのひと言のおかげで、私は「そうか。俺もチームもここからまた這い上がっていくしかないんだ」と我に返ることができた。三宅記者には、本当に心から感謝している。

あの時の私はまだ39歳と若かった。翌日から新チームとしてすぐに練習を始めたが、今の私があのような状況になったら、あんなに早く練習に全精力を注ぐことはできないかもしれない。

夏休み中、練習試合をする度に相手チームの監督さんなどから「早くも元気になりましたね」とか「さすが、切り替えが早いですね」とか「市原さんはすごい。自分だったら耐えられないです」などと言われたりした。

そのように言われると、私も「そうですね、もう終わったことなので」と答えていた。でも心の中の本当の自分は、まだ奈落の底に落ちたままだった。上辺だけは元気者を装い、その内側では決勝戦敗退をずっと引きずっていた。監督を辞める考えはまったくなかったが、「監督を辞めたら楽になるのにな」と思ったことはある。

決勝戦敗退後、しばらくしてから気づいた。私たちは3年連続して決勝で敗れたが、それは見方を変えれば、3年連続で決勝進出を果たしたということでもある。チームの実力は確実に高まっている。しかもその強さを短期的にではなく、長期間ずっとキープできている。センバツにも出場しているし、二松学舎は全国レベルにある。夏の甲子園はもう目の前だ。私は「3年連続決勝戦敗退」をネガティブに捉えすぎていた。ポジティブに捉えれば、選手たちはとてもがんばっているではないか。そこからまた私の考え方、指導法が少しずつ変化していった。

何事も発想の転換が大事である。私はそれまで、物事をネガティブに捉えすぎていた。選手たちの欠点ばかりを見て、「うちのチームには足りないものがたくさんある」といつも考えていた。しかし、発想の転換によって私は「今までの考え方は間違っていた」と気づいた。「何かが足りないのではない。もう十分に足りている。あとは選手たちの持てる力を試合で100%発揮できるようにしてあげればいいんだ」と思い至った。

緊張、プレッシャー、疲労、油断、慢心、不安、恐怖……。公式戦という本番では、いろんな事情が重なって100%の実力から2割、3割とどんどん力が削がれていく。選手それぞれが、100%の力を発揮するのはなかなか難しいかもしれない。でも、それぞれが100%に近い力を出せれば、それが結束して大きな力となる。優勝するようなチームには、そういったとてつもない力を感じさせる勢いが必ずある。監督は、選手たちが大会で勢いに乗れるように、普段の練習から彼らの心身のサポートをしてあげればいいのだ。

そう考えるようになってからは、夏の大会への入り方もだいぶ変えた。それまでは、夏の大会の前に練習のピークを設け、直前に選手の体を十分に休ませてから大会に臨むようにしていた。でも、２００５年以降は、そのやり方を改めて特別な調整方法などは設けず、いつもの練習を直前まで続けて普通の状態で大会に入っていくようにした。とにかく、何事も「選手たちに力を発揮してもらうにはどうしたらいいのか?」を最優先に考えるようになった。

「褒める」と「怒る」の使い分けとタイミング

近年は「褒めて伸ばす」という教育がもてはやされている。私も昔に比べれば、選手をかなり褒めるようになったと思う。ただし、だからといって叱ることをやめたわけではない。褒めるべき時には褒め、叱る時には叱る。各々の選手に合わせて、然るべきタイミングで褒める、叱るを使い分けていくことが肝心なのだ。

「褒める」という行為は、簡単なようで難しい。普段から褒めることを意識していなければ、自然には出てこない。かといって、その褒め方がわざとらしくなっても選手の心には響かない。

どのチームの監督も同じだと思うが、監督はチームを勝利に導くにあたり、まずは不安を解消したいと考える。チームのマイナスポイントを解消していくためには、いいところだけを見ているわけにもいかない。マイナスポイントを解消しようとすると、どうしても選手の悪いところ、欠点に目が行ってしまう。そんな状況の中で褒める指導を取り入れていくのは、意外に難しい。

だから、私はある程度の不安材料には目をつむるようにしている。欠点を細かく見ていったらそれこそキリがないので、あえて大雑把に捉えて「あの部分（欠点）はしょうがない」と割り切る。そうしないと、選手やチームのいい部分はなかなか見えてこない。

最近はグラウンド内で起きたことだけでなく、普段の学校生活の中でいい行いをした選手を、あえてみんなの前で褒めたりもする。そうすると不思議なもので、その選手はグラウンドでの振る舞い、プレーも格段によくなっていく。

また、がんばっているのに実力が劣るため、周囲からあまり認めてもらえていないような選手を、私がみんなの前であえて褒めることもある。「みんなは見えていないかもしれないけど、彼は普段からこういうことをしている。素晴らしい」と。

また、調子を落として自信を失っている選手に対しては、簡単な練習、プレーをさせて「やっぱりお前はやればできるんだよ。だから大丈夫だ」と言ってあげることもある。

一方の「叱る（怒る）」ということに関して、私が気をつけているのは「調子のいい選手、結果を残している選手を怒るのはいいが、自信を失っている選手はあまり叱らない」ということだ。

昔の私は、エラーやミスをした選手を怒鳴りつけるようなこともあった。でも、今はあまりプレーに関して怒ることは少なくなった。その代わり、自分勝手な行動をしている選手に対しては、とても厳しく接している。

チームが一丸となってあることをしようとしているのに、我関せずで勝手な行動を取る選手、あるいは自分の欲を優先して動いている選手を私は許さない。

「みんなで甲子園を目指そう」と言っているのに、「ここで野球をしているのは、自分が進学するためのステップに過ぎない」という姿勢を見せる選手がたまに出てくる。そのような選手はチームの士気を下げるだけなので、私は「ここはお前の進学のための塾でもなければ、予備校でもない」と怒る。野球はチームプレーなのだ。個人の欲を最優先にされたら、チームは成り立たない。「うちのチームには、お前のためだけにバッティングピッチャーをするような選手はひとりもいない。自分が最優先ならひとりで練習しろ」と厳しく叱りつける時もある。

おっとりしたピッチャーが大エースに変身

2017年の夏の大会の優勝ピッチャー、市川睦は第1章でもお話ししたように、夏の大会をひとりで投げ切って優勝した大エースである。

市川は、入学当初から大エースに成長することを予感させる選手だったかといえば、決してそんなことはない。むしろその正反対。勝利への欲というか、ガツガツしたところがまったくなく、どちらかといえばピッチャーには不向きな性格だった。

私は市川のおっとりした性格に火を点けたいと思った。「悔しい」と思えば、練習や試合に臨む姿勢も変わってくるはずである。市川の性格、考え方を何とか変えたいと思い、私はあえて厳しく接するようにした。具体的には、彼が投げた試合で負けたら「お前のせいで負けた」「お前がしっかりしないからだ」と、市川が悔しくなるような言葉をかけ続けた。でも彼は、思ったような精神的変化を見せてはくれなかった。

気がつけば、市川は3年生になっていた。残された時間はあとわずかである。市川に悔しさを感じてもらうには、大舞台で実際に痛い思いを経験してもらうほかない。ある意味、ショック療法ともいえるやり方だが、夏の大会までの時間を考えると選択肢はその方法しかない。そこでリスクはあったが、春の大会の準々決勝で私はこのようなことを敢行た。

準々決勝の相手は日大三だった。私は市川を日大三戦で投げさせれば、滅多打ちにされると予想していた。夏の大会に自信を持って臨んでもらうなら、この日大三戦での彼の先発は回避してもよかった。でも、私はあえて市川を先発に立てた。

市川は私の予想をはるかに超える滅多打ちを食らった。1－16の5回コールド負け。この大惨敗が彼の心にどう響くか。私にとっても大きな賭けだった。

市川はその後、入学当初から私にずっと言われ続けてきた体重の増量に、本格的に取り組み始めた。夕食時には、選手たちの目標となっているごはんどんぶり3杯を、市川は4杯食べるようになった。授業の合間にもおにぎりを食べて、練習時には下半身トレの強化とマシンを使う筋トレの負荷も上げた。

すると、夏の大会に入る頃には市川の体重は8キロ増え、130キロ台前半だった球速も10キロアップのＭＡＸ１４３キロを記録するようになった。体格も球威も見違えるようになると、マウンド上での振る舞いも変わった。市川は、エースと呼ぶにふさわしい選手へと変貌を遂げていた。

２０１７年夏の優勝の原動力となったのは、間違いなく市川の大変身である。その後、彼は私と同じく日大に進み、卒業となる２０２２年からはある名門社会人チームに入る方向で調整が進んでいる。

考え方ひとつ変われば、練習への取り組み方が変わり、それがその後の人生にもいい影響を及ぼす。市川はそれを見事に体現してくれた選手である。

固定した選手起用は指導者のエゴ——選手の〝旬〟を見逃さない

人間誰しも、不安なまま生きるのは嫌だから安心を求める。監督という役割を担っている人間も、安心したいという思いを心のどこかに持っているはずである。それは、この私もまったく同じだ。でも安心を求めすぎると、それは固定した選手起用につながる。

固定した選手起用は、それがピタリとはまれば強さを発揮するが、外れた時には脆さが露呈する。何が起こるかわからないのが実戦であるから、どんな時でもフレキシブルに対応するには、なるべく固定的な考え方は持たないようにしたほうがいい。

固定的な選手起用をしてしまうのは、安心を得たいがだけの監督のエゴにほかならない。「この選手を先発に立てれば大丈夫」と安心したい。「この選手でダメだったらしょうがない」と言い訳を用意しておくのも安心の裏返しである。いずれも監督のエゴである。そのようなエゴは、チームにとっての不利益にしかならない。

決められた9人のメンバーで勝つ。これは理想ではあるが、理想通りに進まないのが人生であり、野球であるから、調子の悪い選手、疲れている選手がいればベンチにいる他の選手を出せばいいだけだ。

高校生はまだ若いので、精神的な浮き沈みも大人に比べれば激しい。心の状態はプレーにも表れるから、指導者は選手たちの精神状態が常に一定であるように努める。でも、「安定した精神状態」も監督の考える理想に過ぎず、若い高校生にそれを求めすぎるのも酷である。高校野球の監督は、それよりも選手それぞれの〝旬〟を見逃さないように努めるべきだろう。調子のいい選手、今乗っている選手を見分けて試合で起用していく。

その対応で勝ち上がっていった典型が、第1章でご説明した2014年の夏の大会だ。私が固定観念に囚われていたら、あの時の1年生トリオの起用はなかったと思う。

監督なら誰もが「この形が理想だ」という青写真を描く。そしてその理想に寄せようと、無理をして、我慢して、固定したメンバーで行こうとする。確かに、理想の形はスマートで、格好もいいだろう。でも、その理想の形は先に述べたように、実に脆い。ちょっとくらい不格好であっても、〝旬〟の選手を用いた形のほうが強いチームが作れる。それは、四半世紀に及ぶ私の監督としての経験から導き出された答えである。

そもそも、本校には三拍子揃った超高校級の選手はあまり来てくれない。打ったら飛ぶが変化球が打てないとか、ヒットは打つが足が遅いとか、速いボールは投げるがコントロールが悪いとか、長短のある選手が多い。そのような選手が多いのに、理想を追って短所の改善ばかりを求めていたら、チームとして成り立たなくなってしまう。

だから、私は常に「どうすれば、このメンバーの力を最大限に発揮させてあげられるだろうか?」と考え続けてきた。代々、うちの四番は太めで動きはあまりよくないが、遠くに飛ばす能力はチームナンバー1という選手が多い。付き合いの古いチームと練習試合をすると四番を指して、そこの監督さんから「市原さんはああいうの好きだよね」

とよく言われる。でも、私も好き好んでそういったタイプを四番にあてがっているわけではない。チーム全体の力を生かそうと思ったら、そのような編成になっていた。それだけなのだ。

チーム内の競争が総合力アップにつながる

前項に続いて、メンバーを固定してしまうことの弊害についてご説明したい。

メンバーを固定して試合を続けていくと、そこに甘える選手が必ず出てくる。要するに自分はうまいから「監督は俺のことを外せるわけがない」と、高をくくった考え方をするようになるのだ。

最近でも、クリーンナップを打っている選手にそのような兆候が見られた。だから、私はすぐさまその選手の打順を下位に落とした。

それで、すぐにその選手が心を入れ替えて練習に取り組むようになるかといえば、物事はそんなにうまくは運ばない。性格や考え方といったものは長い時間をかけて形成されたものなので、それを根底から変えていくにはやはり時間がかかるのだ。

下位に落とした選手も、私から叱られて2～3日は健気に練習に取り組む。でも、そんな殊勝な姿勢も1週間持てばいいほうで、すぐに元の慢心が表れる。だから私は「それは違うぞ」とまた別の形でアプローチをする。そうやって何度も何度も同じ指導を繰り返すことによって、選手は少しずつよくなっていく。

打順を落としたり、レギュラーをスタメンから外したりすることで、当然のことながら代わりに入った選手はやる気になるし、その他のメンバーも「よし、俺もがんばってレギュラーになるぞ」と意欲的に練習に取り組むようになる。固定されたメンバーが実力を高めても、チーム力のアップには限界がある。しかし、チーム全体が力を高めてくれれば、チーム力にプラスαが加わり、可能性を限りなく広げることができる。

かつての昭和の時代の指導法であれば、選手をこらしめるために体罰を加えたり、きつい練習メニューを課したりしていた。合理的に、短時間で選手をこらしめるには、選手に嫌な思いをさせればいい。でも今、そのような指導を行えば、チーム存続の危機となってしまう。

だから私たち指導者は我慢強く、選手たちに繰り返しアプローチをし続けるしかない。

その中で私がもっとも有効だと思っているのは、選手との会話、コミュニケーションを取ることである。

練習や試合が終わった後、私は選手を監督室に呼び、膝を突き合わせて会話することがよくある。現場でかけた声だけでは、私の真意を選手に理解してもらうことは難しい。だから実際にふたりだけで面と向かって話し、その意味を説明する必要があるのだ。「俺があの時、お前を叱ったのにはこういう意図（意味）があったんだよ」とちゃんと説明すれば、選手も「ああ、そういうことだったのか」「監督はちゃんと自分のことを見てくれているんだな」と理解してくれる。そういった丁寧なコミュニケーションを1年生の時からずっと続けていくことで、3年生になった頃には私の考え方を理解できるようになり、「監督を裏切ることはできない」と選手たちが自発的に動いてくれるようにもなる。

1・2年生の頃は生意気なだけだった選手が、3年生の夏の大会の前に「監督を甲子園に連れていきたい」と言い出したりすることもある。ちょっと前であれば、そんなことは恥ずかしくて言えなかった選手が、何の照れもなくそう言い切る。それはきっと、その選手の中にそれまでにはなかった「覚悟」ができたからである。このような覚悟を持った選手が多ければ多いほど、その代は強くなる。だから私はこれからも、そんな覚悟を持った選手がひとりでも多くなるよう、粘り強く選手たちとコミュニケーションを取っていくだけである。

「この選手は調子が落ちているな」と感じた時の対処法

スランプとまではいかなくても、「この選手は調子を落としているな」ということはシーズンを通じて度々起こる。

私の経験から言わせていただくと、選手がスランプになってしまった最大の理由は「コンディションが悪い」のひと言に尽きる。肉体的な疲労によって、コンディションを乱しているから調子も落とす。だからスランプになったら、やることはただひとつ。休めばいいのである。

スランプになる最大の理由がコンディションの悪さだとするならば、2番目の原因はメンタル、3番目が技術となる。

調子を崩した時に猛練習をして、さらに調子を悪くしてしまう選手を私は過去、たくさん見てきた。猛練習をしてスランプが解決するのは、3番目の技術が理由の時だけである。1番、2番が原因なのに、猛練習を積んだら逆効果なのは言うまでもない。そんな時は先に述べたように休めばいいのだ。

休み期間は選手の状態によって異なるが、休むことによって1番、2番の原因が解消されると、選手は元の状態に戻る。だから指導者はその原因をしっかりと見極めて、対処していく必要があると思う。

監督という人種は、選手たちに猛練習させないと仕事をした気になれない。だから、選手が調子を落としたりすると「待ってました」とばかりに猛練習を課すのだが、体は疲れ切って自信もなくしている選手に、猛練習をさせても意味はないどころか、逆効果なのはここまでご説明してきた通りである。

細かい技術は大学、社会人、プロと進んでいけば、必然的に身につけられる。高校野球でもっとも大切にしなければならないのは、心技体の「心」と「体」を選手たちにしっかりと育んでもらうことだ。

プロに行けるくらいの実力の持ち主なのに、精神的あるいは肉体的な甘さ、未熟さによって、高校卒業後に野球の道から外れていってしまった選手を私は幾人も見てきた。私の指導によって選手をプロ野球選手にしてあげることはできないが、実力があるのにその道から自らドロップアウトしていくようなことはできるだけ少なくしたい。そう思って今も指導を続けている。

鈴木誠也のプロ入りが決まり、彼が広島カープの施設見学から戻ってきた時のことだ。私は誠也に「どうだった?」と聞いてみた。すると彼は開口一番、

「すごいです。いつでもバッティング練習ができるんですよ」

とうれしそうに話してくれた。

誠也は野球が大好きである。だからこそ、いつでも練習できる環境に喜んでいたのだが、私は誠也のようなたくましい心と体を持った選手を、ひとりでも多く上の世界に送り出してあげたい。それが私の最大の使命だと考えている。

合理的な現代っ子たちへの伝え方

最近、選手たちと接していて痛切に感じることがある。それは、今の子たちの考え方は極めて合理的だということだ。

例えば「スイングスピードをもっと速くしなさい」と私が選手に言ったとする。すると、選手は「スイングスピードを速くするにはどうしたらいいんですか?」と聞いてくるだろう。私は「素振り100回を毎日続ければ、スイングは今よりも速くなるんじゃないか」と模範的な回答をしたとする。

私の答えを聞いた選手は、「そうか」と素振りを毎日100回するようになる。今の子は、昔に比べて言いつけられたことはきっちり守る子が多い。それはとてもいいことなのだが、いつの間にか「素振り100回をこなす」ことが目的となってしまい、「スイングを速くする」ということは二の次になってしまう。質の悪い練習をいくら重ねても体に疲労を蓄積させるだけで、技術、体力の向上にはつながらない。それは昔も今も決して変わることのない、真実である。

今の選手たちのやり方、考え方をわかりやすく説明するとこうなる。

「松」という漢字を100回書きなさい、と先生から言われたとする。先生は「松」という漢字を覚えてほしくてそう言ったのに、今の子たちは違う解釈をする。

今の子たちは「そうか、松を100回書けばいいのか」と、まず「木」を100個書く。そして、それが済んだら「木」の右側に「公」を100個書き加えていく。これで「松」100個の完成である。このような合理的な考え方で物事に取り組む子が今は本当に多い。

でも、そのようなやり方で100個漢字を書いたとしても、漢字そのものを覚えることは難しいだろう。先に述べたように、本当の目的を履き違えてしまったら、目指した場所には辿り着けなくて当然である。

だから、私はミーティングなどで、選手たちにまず「松」の漢字の話をしてから、「素振りも一緒だよ」と説く。ただこなすだけの100回の素振りより、「スイングを速くしたい」と150キロのピッチャーのボールをイメージしながら、本気で10回振ったほうが絶対に効果がある。

野球の技術を向上させるには、回数でもなければ時間でもない。合理的にやろうとするのではなく、質を高めていこうとすることが大切だ。それこそが正しい努力であり、間違った努力をいくらしても報われることはない。「だからお前たちも正しい努力を積み重ねていかなければいけないんだよ」。そうやってわかりやすく説明し、それを何度も繰り返していくことで、合理的な現代っ子たちも理解を示してくれるようになるのだ。

各世代の特徴に合わせて指導、声がけをする

今の子たちは合理的だというお話を前項でさせていただいたが、さらにもうひとつ、高校野球の指導者として注意しなければならないことがある。それは「高校生」とひとくくりにして考えてはいけないということだ。

面白いもので、同じ時代を生きているはずなのに1年生、2年生、3年生とそれぞれの代で色というか特徴がある。だから、それぞれの代のカラーに合わせた指導を、こちらも考えていかなければならない。

例えば、強気な選手が多い代にはちょっとくらい強い口調で叱りつけても問題ないが、やさしい選手の多い代にそのような指導をしたら、選手たちは委縮してしまう。選手たちに発奮してもらうのにも、その代ごとに声がけや指導などアプローチの方法を変えていく必要があるのだ。

高校野球では、伝統のある強豪校にはそれぞれ「打のチーム」「守備のチーム」などのチームカラーがある。でも、うちのチームには伝統のカラーというものがない。それぞれの代で「打のチーム」だったり「守備のチーム」だったりするので、他校の監督さんたちはきっとうちのことを「つかみどころのないチーム」だとお思いのはずだ。

私は前に述べたように、メンバーを固定することもないし、チームを型にはめるようなこともしない。ピッチャーがよければ守りのチームにするだろうし、バッティングのいい選手が多ければ打ち勝つ野球を目指すし、足の速い選手が多ければ小技と機動力を生かしたチームを作る。そう考えると、うちは「つかみどころがない」というのがチームカラーなのかもしれない。

そんな代ごとの対応、チーム作りをしているため、うちには「この時期はこの練習」という代々続いているような練習パターンがない。選手育成のための一年を通じた大まかな青写真はもちろんあるが、細かい練習メニューはその代によって異なる。

メニューが決まっているほうが、指導者は何も考えなくていいので楽である。監督である私もコーチにいろいろと指示を出す必要もないし、コーチも一年の流れに則ったメニューを選手たちにさせるだけでいい。そういった意味では当然のことながら、その代に合わせた練習をしていくほうが指導者としては苦労が多くなる。

でも最近、代ごとにいろいろと考えて対応してきてよかったな、と感じることが増えた。それは、コロナ禍で野球部としての活動がいろいろと制限されたり、変更を余儀なくされたりする中でも、うちは臨機応変に対応してこられたからである。

できないことを嘆いているだけでは、何も始まらない。だったら「何ができるのか?」を考えたほうが建設的だし、精神的にも前向きになれる。

ちなみに2021年の春、緊急事態宣言中は他校との練習試合などの制限もあったため、実戦的なメニューを増やして対応した。フリーバッティングも複数のゲージの中から打つだけではなく（うちでは通常4つのゲージを出してフリーバッティングをしている）、ゲージは用いず、試合のようにバッターボックスから打つようにしたり、さらにランナーをつけてシートバッティングをしてみたりと、どうやったら実戦に近い練習となるかを考えながら毎日練習を行っていた。

コロナ禍で活動は制限されたが、こうやって私たちは試行錯誤しながら、実戦的な練習を続けてきた。だから、逆にそれが夏の大会でどう花開くのか、私自身とても楽しみである。

千本ノックに意味はあるのか？

私が現役の頃は、千本ノックや延々とダッシュを繰り返すなど、「地獄の◯◯」と呼ばれるようなハードな練習メニューが数多く存在した。体力とともに気力、根性をつけるためにきっとあのメニューは組まれていたのだろうが、果たしてそれで本当に心技体が高まるのだろうか？　私にはちょっと疑問である。

きっと今も、昭和の時代の名残のような「地獄の◯◯」といったメニューを組んでいる学校はあるのだろう。でも私はそれで根性がつくとは思わないし、体力はともかくとして、千本ノックで守備の技術が高まるとは到底考えられない。むしろ、いい加減な捕球姿勢が増えて、逆効果のように思う。

そもそも、根性とは何なのだろうか？　千本ノックを最後まで受けられる選手だけが根性があり、それができない選手は根性がないと判断してしまっていいのか？　千本ノックは最後まで受けられないが、別のメニューはコツコツと粘り強くこなすという選手もいるだろう。あるいは千本ノックは最後までやるが、その他のメニューでは飽きっぽくて最後まで続かないという選手だっているはずである。それをひとくくりにして、選手たちを根性のある・なしだけで判断するのは、私は間違っていると思う。

私の基本的な考え方としては、

- 技術習得は疲れていない状態でやるもの
- 体力強化は疲れている状態でもやるもの

と捉えている。もし、他の選手よりも体力をつけたいのなら、定められたメニュー以上のことを自分で考えて実践すればいい（もちろん、ケガをしない程度に）。

うちでは冬休みに強化合宿を行う。そこでは先に述べた「地獄の〇〇」といったメニューはないが、10m四方のボックスをダッシュやキャリオカ（腰切り）、シャッフルで駆け抜けるメニューの他、冬だけに行うランメニューがいくつか存在する。これらはいずれも下半身をバランスよく強化するためのメニューである。

冬に行うランメニューにしても、私は常にそのメニューに「意味があるのか」「ないのか」を問い続けている。既存のメニューよりいい方法が見つかれば、すぐに採用してメニューに改良を加えたりもする。

夜、早めに練習を終えて、自主練の時間にあてたりすることがたまにある。でも、時おり「疲れているから上がりたいけど、この雰囲気では上がれない」という態度で練習に取り組んでいる選手を見かけることがある。そんな時、私は「無理にやらなくていい。早く上がれ」と声をかける。すごく疲労がたまっているなら、早く上がってコンディションを整える。これも自主練と同じくらい大切なことだと教える。

先に紹介した冬のボックスランにしても、これは相当きついメニューなのだが、選手たちはこれを「地獄の○○」とは捉えていないはずである。そのメニューが終われば、また別のそれなりにきついメニューがあるため、選手たちは「はい、終わり、次」「はい、終わり、次」と淡々と厳しいメニューに向き合っている。

きついメニューをこなすことだけが目的になってしまうと、何のためにその練習をしているのかわからなくなってしまう。選手が何のためにその練習をしているのか、しっかりと理解していればいるほど、体力も技術も高まっていく。うちの選手たちは冬のランメニューの意味をよく理解しているので、多少きつくてもいい加減に取り組むことなく、最後まで淡々とやり切る。

冬休みに強化合宿を行っている強豪私学は多い。ただうちの場合、昔の名残で「強化合宿」と呼んではいるが、実は普段の冬の練習と内容はさほど変わらない。とにかく、一年を通じて練習も大会も普段通りのスタイルで。これが二松学舎流なのだ。

「ここだけは誰にも負けない」というものをひとつは持とう

大会前に登録メンバーを選ぶ際、私は野球の技術だけではなく、それ以外の部分で他の選手たちよりも秀でた何かを持っている選手をベンチ入りさせることがある。

普段から誰よりもチームのことを考えて動いている選手、あるいは声出しがうまく、ひと声でベンチのムードを変えられるような選手は、教育的な配慮などは抜きにして、チームに本当に必要なのでベンチ入りしてもらう。

また、それ以外にも誰よりも走塁がうまい選手、守備のうまい選手も「ここぞ」という場面での代走や守備固めに必要なので登録することが多い。

このような一芸に秀でた選手をベンチ入りさせるということは、普段から選手たちにも伝えている。バッティングがよくなくても、あるいは足が遅くてもベンチ入りは狙えるのだ。

「ここだけは誰にも負けない」

そういったものをひとつは持っておく。高校を卒業して、この社会で生きていく上でも「ここだけは誰にも負けない」という要素を常に考えていくのは大切なことである。

夏の大会直前になると、登録メンバーから外れそうな3年生の選手はチームの手伝い役に回る。ただ、そんな手伝い役の選手の中でも、一生懸命にチームのために尽くしているると、3年生の選手たちから「あいつをベンチ入りさせてやってください」という声が挙がったりすることがままある。もちろん、私もそういったチームのために最善を尽くせる選手は、ベンチに必要な人材だと考えているからメンバーに登録する。

選手たちからの推薦もあり、手伝い役からベンチ入りを果たした選手は、登録メンバーの発表を聞いた瞬間に涙を流して喜んでくれる。私は、

「これは仲間たちからのプレゼントだ」

と言って背番号を渡す。

本人は夏の大会出場はあきらめて手伝いをしていたのに、ベンチ入りメンバーに選ばれたのだから、驚きとうれしさで思わず涙してしまうのだろう。その気持ちは、私も痛いほどよくわかる。

実際のプレーは、目で見てわかるから評価も簡単である。でも、チームのサポート役に回った陰でのがんばりは、目に見える形で結果として表れるものではないから評価するのがなかなか難しい。しかも、お手伝い役に回っている3年生は他に何人もいる。その中からたったひとりが特別に評価されるということは、普段から相当の努力やがんばりを続けてきたということだ。

自分のためではなく、チームのために尽くす。これも「誰にも負けない」立派な一芸である。高校野球は、野球がうまくなるためだけに存在しているのではない。それを指導者も選手も忘れてはいけないと思う。

選手たちが聞く耳を持ってくれるまで待つ

昔は練習試合が終わった後、夜のミーティングでスコアブックを見ながら1回の攻撃、守備から「ここはどうしてこうなった？」「こうすべきだったのでは？」と振り返っていた。練習試合はだいたい2試合やるので、2試合分すべてのイニングを細かく振り返る。そうすると、ミーティング時間は4時間くらいになった。夕食を終えて、夜の8時からミーティングを始めたとしたら、終わるのは夜中の12時である。

ミーティングでは相手バッテリーの配球の読み方、守備位置の取り方、走塁、サインプレーなどに関して事細かく指導していくので、選手たちの「野球脳」は確実に高まっていく。今もできればそのようなミーティングを行いたいが、さすがにいつもいつも夜の12時まで選手たちを拘束しておくわけにもいかない。時間も限られているため、今ではそのような試合後の長時間のミーティングは行わなくなった。

今は練習試合の合間や終了直後にミーティングを行い、気になった部分だけを選手たちに伝えるようにしている。先に述べた配球の読み方やサインプレー、走塁などの細かい部分に関しては、雨の日に座学として行うことが多い。強豪私学には普通にある室内練習場の設備が、本校にはないというのも理由のひとつだ。

監督になった当初は私も若く、やや一方的ではあるが、選手たちにミーティングで野球を突き詰めて考えさせた。だから選手たちは「考える野球」を理解していた。でも、今はそこまで深く考えるミーティングを行ってはいないので、私自身も「もっとミーティングがしたいな」というジレンマはある。しかし、練習とミーティング、さらに選手たちの学業なども考慮すれば、ミーティングばかりに比重をかけるわけにもいかない。

相手バッテリーの配球の読み方などは、試合中に指導することもあるし、座学としてミーティングで教えることもある。入学してきたばかりの1年生に、いきなり配球の読み方を教えてもなかなか理解してもらえないので、1年生に関しては練習試合を重ねていく中で私もその都度助言などをして、理解してもらうようにしている。

1年生にまず覚えてもらうのは、サインプレーの基本からである。例えば、ヒットエンドランはどんな球でも打つというサインだが、ランエンドヒットは違う。ランエンドヒットは「盗塁ありき」のサインだから、ストレートだったら打つ、変化球だったら見逃す。つまり、ストライクゾーンに来たストレートだけを打てばいいわけだ。変化球を見逃してランナーがアウトになっても、それはバッターのせいではない。その代わり、ストライクゾーンに来たストレートを見逃して、ランナーがアウトになったらバッターのせいである。「どうだ、ランエンドヒットというのは、バッターにとっては簡単な作戦だろう」と。このような基本的なことを一から教え、理解できたかどうかを確認していくのだ。

ヒットエンドランにしても、2アウト一塁、バッターが2ストライクと追い込まれた場面でサインが出ることもある。その場合は三振してもチェンジ、凡打を打ってもチェンジなのだから、思いっきり振ればいい。そこで仮に外野を抜ける二塁打が出れば1点入る。だから、もしその場面でヒットエンドランのサインが出たら、三振や凡打を恐れず、振っていけばいい。そんなことも選手たちにはミーティングで話したりする。

こういったサインプレーの解説では、「どのサインが難しく、どのサインは簡単なのか」ということを選手たちに理解してほしいと思っている。同じサインでも、状況によってその比重は変わってくる。こういったことを理解している選手が多ければ多いほど、チームの得点力はアップしていく。

ただ、そのようなミーティングを続けていっても、1・2年生くらいだとバッターボックスに入った瞬間に、覚えた事柄を忘れてしまったりすることが往々にしてある。近年の傾向でいえば、ある程度考えて野球ができるようになるのは3年生になってからである。できれば、2年生秋の新チームになった時点で、選手たちには考える野球を実践してほしいのだが、先に述べたようにミーティングばかりに時間をかけるわけにもいかないので、それはなかなか難しい。

そもそも、選手自身が危機感を持ってくれないと、考える野球を覚えて実践していくのは困難である。3年生の春の大会あたりになると、残された時間もあとわずかなため、選手たちの目の色が変わってくる。そうなると、私の言うことにもちゃんと聞く耳を持ってくれるようになる。この聞く耳を持たせるまでが、とても時間のかかる作業なのだ。

人間とは身勝手なもので、危機が差し迫らないとなかなか動こうとしない生き物である。これは子供も大人も大差ない。私が選手たちにいくら「俺の言うことに聞く耳を持て」と言ったところで、選手たちに「もっと野球を知りたい」という気持ちがなければ意味がない。だから私は、ひたすら選手たちが聞く耳を持ってくれるタイミングを待つ。そう考えると、高校野球の監督というのは、実に根気が要求される仕事といえるのかもしれない。

部屋の片付けからその選手の人間性が見えてくる

うちのチームは1学年に約20人の選手がおり、家から通っている一部の選手を除く約60人の選手が、グラウンドのそばにある合宿所で生活を送っている。

私は、合宿所の整理整頓は選手たちにしっかりとさせる。選手たちに整理整頓の大切さを理解させるには時間も手間もかかるが、そこをないがしろにすると野球のプレーやチームの士気にも影響してくるので決して手を抜けない。

整理整頓があまりにもできていない場合、一日がかりで合宿所や練習施設の片付けをさせることもある。そういう日は練習を一切行わず、片付けだけでおしまいになる。勝ちたいとか、強くしたいという思いの強すぎる監督さんだったら、このような思い切ったやり方はできないかもしれない。でも、一年365日のうち一日くらい練習をしなかったからといって何なのだ。むしろ、一日かけて片付けをさせたほうが、選手たちの人間性を高める上で有効だと私は考える。

合宿所はふたり1部屋がメインである。朝起きたらベッドの蒲団をきれいに畳み、机の上も整った状態にする。部屋に清潔感がないと、一日の生活がだらしなくなる。だからまず、朝一番に部屋をきれいにすることを選手たちには徹底させている。

しかし、私は選手たちに直接「整理整頓しろ」とはあまり言わない。各部屋がきれいに整っているかどうか、というチェックもたまにしかしない。その代わり、選手たちには「お前たちを信じているよ。信じているからこそ、裏切られたら本当にガッカリだぞ」と伝える。

そうはいっても、中には何かしらの罰を与えたほうが堪えるようなタイプの選手もいる。でも私はすべての選手に、人を裏切ることがどれほどいけないことなのかに気づいてほしい。罰を受けて行為を正すなどというのは、次元の低い人間のすることだ。

選手たちには、相手から信用を失ったり、幻滅されたりすることに辛さを感じるような人間になってほしい。人間として本当に辛いのは、大切な人から見捨てられたり、見放されたりしてしまった時なのだ。「整理整頓をしろ」と言うより、私はそういったことを選手たちにしっかり伝えるようにしている。

仮に私やコーチが部屋のチェックをしたとして、片付けができていない箇所を見逃すこともあるかもしれない。そこで「よかった。気がつかれなかった。ラッキー」と思うのだったら、それは選手自身の負けである。自分では片付けができていないことをわかっていながらそれをしておらず、見逃されてラッキーと思うような人間は、その時点で自分自身に負けている。普段から自分に負けている人間が、相手のいる戦いで勝てる道理がない。

試合中にミスをするとか、試合に負けるとか、そういうことを恥ずかしいとはまったく思わない。肝心なのは、負けた後にいじけたり、ふてくされたり、負けたことを人のせいにしたり、あるいは同情を求めるような言動を取ったりと、負けに起因する負の感情をあらわにしてしまうことを「みっともない」「恥ずかしい」と思える感性を作り上げることだ。

負けは負けでいい。ミスはミスでいい。その後の立ち居振舞いに、その人の本当の人間性が表れるのである。

第4章

甲子園に行くための練習

市原流ピッチャー&野手指導論

二松学舎のグラウンドと練習施設

本校のメイングラウンド（写真1）は両翼90メートル、中堅115メートルの大きさで、甲子園よりやや小さい（甲子園は両翼95メートル、中堅118メートル）。グラウンドに隣接する場所にはブルペン（写真2）、鳥かご（写真3）、ウエイトトレーニングルーム（写真4）、内野程度の大きさの人工芝のグラウンド（写真5、ここでは主に基礎トレーニングやたまに内野ノックを行っている）がある。高台には二松学舎大学、二松学舎大学附属柏高校があり、その敷地内に野球部の合宿所も建っている。合宿所の通路には、卒業してプロ入りした先輩たちのユニフォームが飾られている（写真6）。

道具倉庫の横には小さな池（写真7）もあり、これは10数年前にいた選手たちの手作りである。とある選手が「監督、金魚を育てたいので池を作っていいですか」と言うので作らせた。どうせなら大きく育てたいから、池をもっと大きくしようとして、気づけば今の大きさになっていた。ちなみに今は金魚は飼っておらず、池はカエルの住処となっている。

手作りといえば、三塁側のグラウンド外に設けられたもうひとつのブルペン（写真8）の横に、木製の柵（写真9）があるのだが、これも選手たちによる手作りである。

うちには、このように選手たちによる手作りのものが結構多く、ライト奥の山の斜面に設けられた観覧エリア（ベンチあり）も選手たちが林を切り開き、整地をして作ったものである（写真1の右側奥、山の斜面に写っているのがその観覧エリア）。

ライトの観覧エリアは、夏の大会前にメンバーから外れた3年生たちが中心となって作ってくれた。私も最初は気づかなかったのだが、ふとライトの斜面を見ると林が整地されている。基本的には池を作らせた時もそうだが、選手たちが自主的にやりたいと言ってきたことに関しては、やらせてあげたいと思っている。他のチームであれば、選手たちが「池を作りたい」と言ったら、監督から「バカ言ってんな！　お前らここに何しに来てんだ！」と一喝されてしまうのかもしれない。でも、そのような「野球漬け」にしてしまうやり方は私の流儀ではない。

うちは夏の大会が始まると、全体練習後のグラウンドにはとてもいい時間が流れる。自主練をしている選手がいたり、ベンチ入りできなかった3年生はそれぞれがグラウンドや施設の整備をしたりと、グラウンドはとても穏やかである。私はそんな3年生たちと野球の話ではない、世間話をしながら過ごすこの穏やかな時間がとても好きだ。

そして毎年、「なんで一年を通して、このような時間を選手たちに過ごさせてあげられないんだろう？」と思う。もちろん甲子園を目指すには、そんなのんびりした時間ばかりを過ごしてもいられない。それは私自身もよくわかっているが、夏の大会中のような穏やかさで一年間を過ごせたら、とても強いチームが作れそうな気がする。

グラウンドで穏やかな時間を過ごすと、逆にメリハリが効いて、試合になると選手たちはものすごい集中力と気合を見せてくれる。大会だからといって変にチーム全体が気張ってしまうと、選手たちも力んで１００％の力を発揮できなくなってしまう。やはり何事も自然体が一番なのだ。

1　二松学舎のメイングラウンド。右奥の森の中に観覧エリアが設けられている

2　4人のピッチャーが同時に投球練習できる屋根つきのブルペン

3 25メートル×6メートルの鳥かご。内部のネットも選手たちが張った

4

各種機材の揃ったウエイトトレーニングルーム。最新のマシンも導入している

5

人工芝のグラウンド。内野ノックぐらいはできる広さがある

6

合宿所の大浴場に続く通路に飾られたOB、鈴木誠也と大江竜聖のサイン入りユニフォーム

7

選手たちの手作りとは思えない本格的な池。夏の夜にはカエルの大合唱が響く

8 三塁側場外にあるブルペン。
対外試合の際、相手チームに使ってもらう

9 三塁側ブルペンの横にある柵。
これも選手たちが木の枝を使って作った

一日の練習スケジュール

本校の選手たちの大まかな一日のスケジュールは次の通りである。

5時20分　起床
5時40分　朝食
6時30分　スクールバスでＪＲ柏駅に出発
8時頃　九段下の学校に到着
12時20分　午前中4時限の授業を受けて柏に出発
14時頃　柏に到着後、昼食、練習準備
15時～19時　練習（自主練含む）
19時30分　夕食、風呂
22時　消灯（時期、試験前などにより変動有り）

練習後の19時30分からの夕食の時間は定められているため、自主練を早く終えて夕食前に風呂を済ませてしまう選手もいれば、夕食後にウエイトトレーニングをちょっとやってそれから風呂に入るという選手もおり、そういった時間の使い方は選手それぞれに任せている。

合宿所では起床時間が早いため、選手たちにはなるべく早く寝るように、睡眠時間を多く取るようにと伝えている。ただ、試験前に消灯時間を過ぎても勉強したいという選手に関しては、各自申請をしてから食堂で勉強することを許している。

スケジュールを見てもらえれば一目瞭然だが、一日の練習時間はおよそ4時間で、本校にはナイター設備はあるものの夜間練習ができるほどのものではないので、夜間は行っていない。強豪校の中には夜遅くまで練習しているチームも数多く存在するが、そういった野球漬けの学校と比べるとうちの練習時間は少ないほうかもしれない。

このように時間は限られているが、選手たちの自主練の時間を本当はもっと取りたいとも思っている。全体練習ももちろん大切だが、選手たちそれぞれが目的を持って取り組む自主練は、選手たちの心技体を高める上でとても大切な時間である。また、そうやって自由な時間を与えてあげたほうが、選手たちは野球をもっと好きになってくれる気がするのだ。

私も若かった頃は、他校の監督さんと同じように練習中はバントシフト、牽制練習、挟殺プレーの練習、バッティング、シートノック、実戦形式、ウエイトトレーニングと目一杯のメニューを詰め込んでいた。そうしないと、強いチームは作れないと思い込んでいた。

でも、6つも7つも走攻守のメニューを組んでも、選手たちが集中してやっているのは正直、2つぐらいのものである。だったら、その2つを集中してやらせ、その他の時間は選手たちの自主練にあてたほうが、チーム力向上に有効なんじゃないかと私は考えるようになった。

もちろん、この私も常に「もっと練習しないと」という不安は抱えている。その不安を埋めたいから、監督たちはいろんな練習メニューを選手たちに課すのだろう。でも、その不安のせいで選手たちは練習で余裕がなくなり、窮屈な思いをするようになる。だったら私がもう一皮むけて、その不安を乗り越えれば選手たちは楽しく野球ができるようになる。私が目指すところはそこである。

全体練習は毎日4時間——今、取り組むべきことを常に考える

前項でも述べたように、うちが全体練習を行うのは15時から19時までの約4時間である。それ以外の就寝までの時間は、それぞれがトレーニング、勉強、自由時間と好きなことをして過ごす。

4時間の全体練習でやっていることは、時期によってもちろん異なるが、だいたいこのような感じである。

- 集団走・アップ
- キャッチボール（スナップスローは必ず入れる）
- トスバッティング
- シートノック　　だいたいここまでで16時30分くらい
- バッティング練習　　ここまでで18時から18時30分くらい

・ウエイトトレーニングや素振り、タイヤ叩きなど→自主トレへ

シーズン中のオーソドックスなパターンとしては、このようなスケジュールとなる。シートノックの前には、投内連携プレーの練習を必ず入れる。ファーストゴロのベースカバー、バントシフトでのピッチャーからの二塁送球・三塁送球、ピッチャーゴロからのゲッツー、スクイズの本塁トスなどを毎日しっかり行う。

私が投内連携に力を入れるのは、試合でピッチャーにエラーをさせたくないからだ。野手のエラーは試合全体に影響を及ぼすことは少ないが、ピッチャーのエラーはその後の試合展開に大きな影響を及ぼすことが多い。自らのエラーによって、ピッチャーが崩れていくことは決して珍しいことではない。だからとにかく、ピッチャーだけにはエラーをさせたくない。そう思って、毎日投内連携は必ず行っている。

バッティング練習に関して詳しくは後述するが、4つあるゲージを用いたフリーバッティングが主である。バントをしてから、ヒッティングカウントからのフルスイングでのバッティング、追い込まれたケースを想定してのバッティングなどを行う。

時間は限られているので、練習メニューは厳選している。それは、私の長年の経験か

ら導き出されたものといっていい。

昔、こんなことがあった。木内幸男監督率いる常総学院と練習試合をした時のことだ。ランナーを二塁に置いて、うちのピッチャーと二遊間がうまく連携して牽制で二塁ランナーをアウトにした。当時はその牽制の練習に時間をかけていたので、私自身も「よし、よし」と手応えを感じた。

試合後、木内監督が「市原君、あの牽制の練習はよくやっているのか？　どのくらい練習するんだ。一日何時間ぐらいやるんだ？」と聞いてきた。私は「毎日1時間弱ぐらいはやってます」と自信を持って答えた。

すると、木内監督は「すごいねー」と感心したふうを装って、続けざまに「市原君、あれでアウト何個取れるの？　1試合に」と聞いてきた。私は「まあ、せいぜい1個ですね」と答えると、木内監督はあきれたようにこう言った。

「そんなのに1時間も使うのかー」

木内監督のような勝つ指揮官の考え方は、実にシンプルである。試合でたったひとつアウトを取れるかどうかもわからない牽制の練習に、毎日そんなに時間を割いて何の意味がある？　それ以外に、もっとやったほうがいい練習がいくらでもあるのではないか？　私は木内監督からのひと言で、それまでの私がいかに自己満足でやっていたかに気づかされた。

バントシフトや投内連携の牽制などは大学、社会人と上に進んだ時に基本として必要とされる動きだから、高校で練習しておかないわけにはいかない。でも、その比重は監督がしっかりと考えていく必要がある。監督は選手たちを見ながら「今取り組むべきことは何か」を常に模索していかなければならない。私はそれを木内監督から教わった。

キャッチボールは肩慣らしではない――捕球・送球の基本を磨く

スローイングのメカニズムとして、いわゆる内旋を使って投げないと腕はスムーズに回らない。内旋を使って投げると、ボールを投げた瞬間の手の平は小指側が上に来る。

この動きを覚えるには、スナップスローをするのがいい。スナップスローは近距離で相手と真正面で向き合い（足を肩幅に開き、胸を相手に見せている状態）、肘と手首だけを使って相手にボールを投げる。

ひとりでスナップスローをするなら、寝転んだ状態で真上にボールを放る天井投げをするといいだろう。うちの選手たちにやらせても、最初は投げたボールがあちこちに行ってしまい、顔の付近に落ちてこない。ただ、何度もやっていればコントロールも安定してきて、繰り返しできるようになるはずである。

キャッチボールでは、投げるほうだけでなく、捕るほうもしっかりとした準備が必要である。たまに、逸れたボールをグローブだけで捕りに行く横着なタイプを見かけるが、私は選手たちに「相手が投げた瞬間からしっかりボールを見ろ。そうすれば、逸れたボールの正面にちゃんと入ってボールを捕れるはずだ」と説明する。この基本をしっかりやっていれば、守備のあらゆるプレーにおいて、エラーする確率を下げることができる。捕った後にすぐにスローイングに移れるよう（右投げならすぐに左足を踏み出せるよう）、体勢を整えておくことも大切である。

内野ゲッツーの時、捕ったボールを利き手で握ろうとした瞬間に、ポロッとやってしまうエラーは多い。このエラーにしても、キャッチボールの時に「捕ったらすぐに握り替える」ということを意識して動いていれば、かなり防げるはずである。

うちの選手たちによく言うのだが、ほとんどの選手はキャッチボールの時に捕球・送球を意識して練習していない。そのようなキャッチボールは、キャッチボールではなく単なる肩慣らしである。

例えば内野手であれば、キャッチボールをしていて塁間くらいの距離になったら、ゲッツーを取るイメージで捕球・送球してもいいだろう。それ以上の距離になったら、外野からのボールをカットして、ホームに投げるイメージで投げてみるなど、やりようはいくらでもある。

外野手なら、フライを捕ってバックホームする。ゴロを捕ってバックホームする。外野のフェンスまで飛んできた打球を拾って握り、そのまま振り向きざまに中継の選手に投げる。自分の頭で考えれば、そのようなイメージでのキャッチボールをいくらでもできるはずだ。

シートノックの時は、捕るのも投げるのも回数は限られる。試合になれば、それぞれの選手の捕る・投げるの回数はさらに限られる。しかし、キャッチボールは何十球と捕球・送球ができる。しかも「毎日」である。こんな大切な機会を無駄にして過ごすほど、愚かなことはない。

選手のキャッチボールを見れば「あ、この選手はイメージしてやっているな」「この選手は何も考えてないな」というのがすぐにわかる。遠投をたくさん投げれば、確かに肩は強くなるだろう。でも、意味のあるキャッチボールをしている選手は、肩を強くしつつ捕球・送球の技術を磨くことも可能なのだ。意味のある練習を毎日している選手と、そうでない選手が一年後にはどうなるのか？　その答えは、私がここで申し上げるまでもないだろう。

エース論――私の考える真のエースとは？

私もピッチャー出身ということで、うちのピッチャーたちには自分の経験を交えていろんなことを説明する機会が多い。

1982年、私はエースとしてセンバツに出場し、準優勝を果たした。しかし、私は素晴らしいエースだったかといえばそうは思わない。エースとは、チームでもっとも勝てるピッチャーのことを意味するのだろうが、私の考えるエースにはそれ以外にもたくさんの意味が付随する。

エースとは、すごく速いボールを投げる、コントロールがいいといった身体能力や技術だけではなく、マウンド上での存在自体がチームを安心させるようなピッチャーでなければならないだろう。また、誰よりも一番練習を積み、言葉はなくともその背中でチームを引っ張っていけるのが真のエースだと思う。

どのチームもエースを中心にして構成が考えられ、戦術、采配が練られる。要するに、エースはチームの回転軸なのだ。そのエースが大会直前に故障したりすれば、チームがそれまで積み上げてきたものがすべておじゃんとなる。それほど、エースの責任は重い。どんなに素晴らしい素質を持ったピッチャーであっても、故障しがちなピッチャーではエースになれない。そう考えると「丈夫」という資質は、エースにとって最低条件といえるかもしれない。

ピンチでいちいち動じていたら、それもエースとは呼べない。エースはどんな状況になっても、淡々と投げ切る強いメンタルも必要である。また、欲をいえば、エースはまわりの選手たちよりちょっとだけ精神年齢が上であってくれるといい。エースは周囲への影響力も強いから、ぶれない思考で少しだけ冷静な視点を持って、周囲を見ることのできる選手であってほしい。

私も含め、今までのエースたちを見ていると、他の選手とエースとの距離感は独特なものがある。エースはみんなが触れられないところにいるといえばいいのか。でもだからこそ、エースはみんなから信用されるようなしっかりした人間でなければならない。みんなが触れられないからと、わがまま放題やっているようなピッチャーは、どれだけ勝ち星を挙げようともエースとは呼べないのだ。

25年間、私が監督として見てきた中で歴代最高のエースは誰かと問われたら、私は2003年の夏の大会の決勝で雪谷に敗れた時のエースだった小杉陽太を挙げる。

ここまで私が思うエース論を述べてきたが、実際にすべての条件を満たすようなエースはなかなかいない。人間性はいいのだがちょっと頼りなかったり、発言が弱々しかったり、逆に強すぎたりと、いい感じでバランスの取れたエースはなかなかいない。そんな中で、私のエースの条件をもっとも満たしているのが小杉である。

マウンド上にいる小杉は、かっこいいとかハンサムというわけではないのだが、実に絵になる男だった。周囲から信頼されていたし、練習も誰よりもしていた。あの代の選手たちはみんな「小杉でダメならしょうがない」と腹をくくっていた。

2014年に二松学舎を初の夏の甲子園に導いた大江竜聖も、素晴らしいエースだった。気持ちも強く、日々の練習にも真剣に取り組んでいた。だが、彼は私の現役時代ととてもよく似ており、ちょっとわがままで出しゃばり。小杉と比べると、エースとしての資質はやや劣る。

ちなみに、2021年のエースで大江二世と呼ばれる秋山正雲は、私もとても期待しているピッチャーである。最後の夏を迎え、大江を超えるようなエースとなれるのか？　私自身、彼が最後の大会でどれだけ成長してくれるのか、とても楽しみにしている。

二松学舎は左ピッチャーが多い――変化球はまずはカーブから

夏の大会を初めて制覇した2014年。大江をはじめとする1年生トリオが大活躍して甲子園出場を成し遂げたのだが、今振り返れば初戦の城西戦がキーポイントだったように思う。

3年生エース大黒一之の調子がいまいちで、私は「初戦で負けるのも、優勝できないのも同じだ」と割り切り、途中からそのマウンド度胸に期待して大江を登坂させた。すると大江は想像以上の大活躍を果たし、その後は一戦ごとにチームに勢いがつき、それが決勝戦まで続いたのだ。

チームの投手陣構成の理想をいえば、ベンチ入り投手は4人。そしてその4人すべてが、どんな時でも自信を持って送り出せる力を有している。それが私の考える理想の投手陣だが、現実はなかなかそううまくはいかない。だからこそ、先に述べたように〝旬〟の選手を見分けられる眼力を磨き、「勝負は時の運」と割り切ってピッチャー交代の判断を下すことも必要である。

ところで大江、前項でも述べた秋山、さらに2002年センバツ出場の森裕幸、2004年センバツ出場の松木基、2017年夏優勝の市川睦と素晴らしい結果を残したエースはいずれも左投げである。私が左だったからというのもあるのだろうが、気づけばエースは左投げばかりになっていた。

小杉をはじめ右投げのエースも、うちにはもちろん何人もいた。だが、近年は高校野球界にいい左バッターが多いということもあり、確率として右ピッチャーより左ピッチャーのほうがバッターを抑えてくれる。そういったことが積み重なり、気がつけば左ピッチャーが増えていた。ちなみに2021年の春の大会は、ベンチ入りピッチャー5人のうち4人が左だった。

最近入学してくる左ピッチャーを見ていると、カーブを投げられない選手が実に多い。スライダーやカットボールなど、それほど技術を必要としないボールを投げるピッチャーばかりなので、私はまずうちに入ってきた左ピッチャーには、カーブを必ず一度は練習させる。

カーブは握り方やボールの抜き方など、他の球種にはない微妙な力加減が求められる。カーブを投げるのは難しく、スライダーのほうが習得するのは容易である。だからほとんどのピッチャーは、中学時代にスライダーを投げるようになるのだろう。でも高校以上の野球では、スライダーのような緩急の差がそれほどない変化球は、甘く入れば確実に打たれる。そこで有効になってくるのが、カーブのような遅い変化球なのだ。

ストレートとカーブがしっかり投げられるようになったら、次はウイニングショットとしてチェンジアップや縦のスライダーなどを覚えさせる。

私は右左問わず、多くの球種を投げろとは教えない。ピッチングの組み立てとしてストレートとカウントの取れるカーブ、そしてウイニングショット。この3種類の質を高めていけば、それほど多くの球種がなくてもバッターを抑えられる。本書をお読みの中高生のピッチャーでカーブを投げていない人がいたら、ぜひ一度カーブを試してみてほしい。習得できれば、ピッチングの幅が確実に広がるはずである。

コントロールをよくするには？――最初は大雑把でいい

ピッチャー、野手を問わず、コントロールの悪い選手の投げ方を見ると、ボールを握った手が頭から離れたところを通過して投げている。ボールを投げる時は、手を一回振り上げてから振り下ろす。この「振り上げた時」に、ボールを握った手ができるだけ頭の近くを通過するのが、コントロールをつける上での最低条件である。

ただ、私はコントロールの悪い選手に、そのような具体的な説明の仕方はしない。言葉にすると頭で考えてしまい、それがうまく伝わればいいのだが、間違って伝わると最悪の場合、イップスなどになってしまいかねない。私が選手の投げ方をあまりいじらない理由には、そのような意味合いも含まれている。

「ボールを握った手が、できるだけ頭の近くを通過する」

これを教える時、私は選手のそばに立って障害物となる。選手の腕が頭の近くを通過せざるを得ないような位置に私が立って、その状態で何球か投げさせる。そうやって腕を振る感覚を覚えてもらう。このほうが、言葉で説明するよりも選手は理解してくれる。

もうひとつ、コントロールをよくするには意識づけも大切だ。その意識は何かといえば「狙う」ということである。

「狙う」といっても、キャッチャーのミットを目がけて投げろという意味ではない。まずは、ストライクゾーン全体を大きな的だと思ってそこに投げる。それができるようになったら少し的を小さくして、ど真ん中周辺に投げられるようする。それもクリアしたら、今度はストライクゾーンの低めに投げられるようにする。その次は、今度は高低を問わず、インコース、アウトコースを的だと思って投げる。それもできるようになったら、今度は的をやや小さくしてアウトロー周辺、インロー周辺に投げられるようにする。ここまですべてできるようになったら、あとはキャッチャーの構えたミット目がけて投げればいい。このように大きな的から小さな的へと段階を踏んで、狙って投げ続けることが肝心なのだ。

ピッチングの指導で、「低めに投げるにはリリースポイントはここで、下半身をこう使え」と細かく説明している指導者がよくいる。でも私の考えでは、そのような言葉で伝えてわかるのなら誰も苦労はしないし、誰でもすぐに低めにいいボールが投げられるようになるはずである。でも実際はそうはいかない。ここまで説明してきたように、低めに投げたいなら、低めを狙って投げ続けるしかないのだ。そうすることで、体が自然と低めへの投げ方を覚えていく。繰り返すが、大切なのは「最初は的を大きく、だんだんと的を小さく」である。

指導者の中にはピッチャーに「フォアボールを絶対に出すな」と言い、フォアボールを出そうものなら「何やっとんじゃ！」と怒鳴りつけるような人もいる。こんなことをしていたらピッチャーはフォアボールを恐れ、投げ方は縮こまってストレートも走らず、余計にフォアボールを出すか、ヒットを打たれるかのどちらかである。

だから、私はうちのピッチャーには「攻めていってのフォアボールは全然ＯＫ」と伝えている。その流れで、攻めて投げた結果が、デッドボールだったとしても当然怒らない。むしろ、「あそこで攻めていくなんて、なかなか度胸あるじゃん」と褒める。フォアボールは出していい。ストライクを取りに行こうとするな。思いっきり腕を振れ。そう言ってやることが、ピッチャーの気持ちを楽にさせて、結果としてコントロールもよくしてくれるのだと思う。

このような教え方をやり始めてからずいぶん経つが、そのおかげかうちにはコントロールの悪いピッチャーというのがあまりいない。1年生の段階から「ピッチャーになりたいなら、アウトローにビシッと決めろ！」というような教え方をしていたら、コントロールの悪い選手は間違いなく潰れてしまう。「大雑把でいいから」「最初はストライクゾーンに入ればいいから」とやっていれば、2年生の秋頃にはそれなりのコントロールとなり、3年生になると大化けするピッチャーが出てきたりするのだ。

コントロールをよくする上で、「狙う」という意識を持ち続けることが大切なのは、ここまで述べたきた通りである。最後に、うちのピッチャーたちによく言っていることを付け加えておきたい。

ピッチング練習の際、最後の一球を「ラスト一球！」と言いながら、自分の納得のいくボールが投げられないと、何球も投げているピッチャーがたまにいる。これをやっていると、公式戦の大事な場面で相手バッターを一球で仕留める力がつかない。練習であっても「ラスト一球」は「ラスト一球」。その緊迫感を持って、外れたり甘いボールが行ってしまったりしたら「サヨナラ負けだ」と悔しがる。そして「明日のラスト一球は絶対に決めてやる。勝ってやる」と思えばいい。そういった緊張感、緊迫感を持って、普段のピッチング練習をすることもとても大切だと思う。

バッティング練習にも創意工夫を盛り込む

本校のフリーバッティングは、打撃ゲージ4台（写真10）を用いて行っている。1か所はピッチャーが投げ、あとの3か所はマシン。マシンの設定は基本的にそれぞれストレート、右ピッチャーのスライダー、左ピッチャーのスライダーとなっている。

コロナ禍の影響により、2021年の春に緊急事態宣言が発令された。都内の高校野球の活動は対外試合などを含め、いろいろと制限がかかった。試合があまりできないから当然、グラウンドでの練習が増える。でも、同じような練習ばかりをしていたら、マンネリ化してきて選手の集中力も途切れがちになる。そこで、私はいつもやっていたフリーバッティングのやり方を変えることにした。

変更した理由は、「量より質」を高めたかったからだ。ゲージの中でボールを打っているとファウルを打ってもゲージに当たるので、どのような打ち損じになったのかがよくわからないし、グラウンド外にボールが飛んでいってしまうことも気にしなくていいから、いい加減に打つようになる。そこで、私は選手たちが集中力を持ってバッティングするよう、普段の試合のように正規の位置のバッターボックスから、ゲージも使わずに1か所でフリーバッティングを行うようにした。

ファウルを打ち、それがグラウンドのネットを越えて飛び出していくようでは、相当な打ち損じである。いいピッチャーほど甘い球を投げてくれる確率は低くなるため、少ない失投をいかに逃さず捉えるかが勝機を見出すカギとなる。

1か所から打つということは、4か所で行うフリーバッティングよりも練習効率は悪くなる。でもそこは「ものは考えよう」で、シートバッティングのように野手を配置すれば守備練習にもなるし、ランナーをつければ走塁練習にもなる。打つ場所、打つ回数は減るが、その分他の練習をいろいろと盛り込むことができる。指導者の工夫次第でいくらでも練習は充実させられるのだ。

工夫といえば、私はバッティングの調子を落としている選手に、ゲージで指導する方法がある。ストレートに差し込まれてしまって、タイミングがまったく合わない。そのようなバッターの調子を取り戻すなら、このやり方は一番即効性があるように思う。

選手をゲージに連れていき、まずはマシンあるいはピッチャーのボールを、バッターボックスから見させる。やるのは、タイミングを合わせることだけ。ブルペンでバッターボックスに立ったことのある人ならわかると思うが、なぜかブルペンだとどんなボールでも打てそうな気がしてくる。ただしこの時ゲージでは打つ必要はなく、タイミングだけ取っていればいい。それが「打てそう」という気持ちの余裕にもつながる。

その後、私はバッターに「振っていいから。その代わり空振りだぞ」と言う。そう

10 バックネット際に並べられたゲージ4台。バックネット裏には観覧席などもある

すると、最初は差し込まれたりしていても、何球か振っているうちにだんだんとタイミングが合ってくる。

ほぼすべてにタイミングが合うようになったら、次は「ボールのギリギリ下を振ってみろ。当てではダメだぞ」と言う。すると、バッターはギリギリ下を振ろうとするからこそ、たまにバットにボールがかすってしまう。「ダメだよ、当てちゃあ」などと言いながらそれを続ける。ギリギリを振ろうとしているから、チップのような当たりは当然増える。そこで私は言う。

「お前さ、タイミング合わなくて全然当たらなかったんじゃなかったの？　今、当たってるじゃん」

選手は一瞬、ポカンとした表情となり、「あ、ホントだ」と気づく。

「それよりも、ボールの真ん中を打つほうが簡単だろ？」

「そうですね」

その後は、それまでの不調が嘘のようにいい当たりを連発する。

これは一例に過ぎないが、「この選手にはどういうふうに言ったら一番伝わるかな？」

「この選手にとって、もっとも即効性のある練習方法は何かな？」と私は常に考え続けている。もちろん、用いた方法がかんばしい効果を及ぼすことばかりではない。そのような時はひとつのやり方に固執せず、すぐに別の練習方法に取り組むようにしている。

飛距離を伸ばすティーバッティングとハンマートレ

ティーバッティングは、主に先に紹介した鳥かごで行う。選手たちに振り込んでもらう時期には、20球1セットの連続ティーをマスコットバット（1キロと1・3キロの2種類を用意。選手は好きなほうを使う）で40セット（800スイング）、その後に金属バットで5セット（100スイング）行う。金属バットを最後に振らせるのは、速いスイングを体で覚えてほしいからである。選手たちが計900スイングを終えるのに、だいたい2時間30分～3時間かかる。連続ティーをやる日は、その後にウエイトトレーニングをして一日の練習を終えるパターンが多い。

この他にロングティーや置きティーを、その時々でバッティング練習に取り入れている。読売ジャイアンツに行った秋広は、ロングティーの置きティーバージョンで長打力を伸ばしたひとりである。

グラウンドの横に、体育の授業やサッカー部の練習で使う縦長の人工芝の広場がある。縦の長さが100メートル近くあり、周囲は高さのあるネットで囲われているため、ロングティーをするのに最適なのだ。

秋広はここで置きティーをすると、木製バットだと軽々とネットを越えるようになった。だから、途中からは1・3キロのマスコットバットで打つようにさせたのだが、それでも彼は100メートル先にあるネットに直接ぶち当てていた。

秋広は初めて参加したジャイアンツの春季キャンプでも、ロングティーでずいぶんと飛ばしていたようである。今のうちの選手たちにとっても、秋広の飛距離はいい目標になっている。すでに何人か、マスコットバットでネットを直撃する選手も出てきた。

バッティング練習で、私は「どれだけ選手たちに真剣に取り組ませるか」にもっとも気を配っている。どんなに意識の高い選手であっても、連続ティーのような練習をしていると最後のほうは真剣みに欠けてくる。鳥かごの中で連続ティーを続けていると、打球の強弱がわかりづらい。そうなると「速く打つ」ことばかりに意識が向いてしまい、「強い打球を打つ」ということを忘れてしまいがちだ。

そこで私はときどき、連続ティーの最中に選手たちをグラウンドに移動させ、外野に向かって同じことをさせる。すると、ほとんど選手の打球はライナーで外野に届かない。コロコロと勢いなく外野に転がっていく打球ばかり。そこで「外野にライナーで届くように連続で打ちなさい」と言うと、今度は届くようになる。そして打ち終わった後の疲れ具合も、鳥かごでやっている時とはまったく違うことに選手たちは気づく。だから私は「鳥かごの中でやる時も、今のような『遠くに飛ばす』意識を持ってやらないと意味がない。限界を超えるとは、そういうことの積み重ねによって成されるんだ」と選手たちに伝える。

11　ハンマーの重さは15キロ。腕力だけでなく、下半身、背筋も鍛えられる

飛距離を伸ばすという意味では、インパクトの瞬間にバットをぐっと押し込む力をつけてもらうために、ハンマーを使ったタイヤ叩き（写真11）も行っている。トレーニング用のハンマーの重さは15キロ。グリップの太さは細いものと太いものの2種類があり、太いほうが振り上げる時に力を要する。ハンマーがタイヤに当たった時、ぐっと押し込むようにすることで、インパクトの瞬間により大きな力を発揮できるようになる。これを50回×5セット行うのが基本である。

守備はミスが起きやすい——細かいプレーを徹底して練習する

失点を防ぐには、守備のミスを少なくすることが先決である。そこでうちでは、守備においてもっともミスが発生しやすいバントシフトや挟殺プレーなどを、意識して繰り返し練習している。

例えばランナー一・三塁の状況における盗塁や、ディレードスチールをかけられた時、二塁手はカットするのかしないのか、カットした後の動きはどうするのかといった判断を普段からしっかりとやっておかないと、いざという時に正しく対応できない。

先に述べたが、シートノックをやる前に投内連携を必ずやるのも、ミスをできる限り減らしたいからである。

バントシフトに関してはそれほど奇抜な策は用いず、基本的にオーソドックスな対応である。例えばランナー一塁のバントシフトであれば、ファーストとサードがプレッシャーをかけてセカンドでアウトを取る方法と、ファーストとサードの動きは同様だが、セカンドは一塁のベースカバーに入り、外したボールをキャッチャーが一塁に送球するパターンがある。

挟殺プレーは三・本間、二・三塁間、一・二塁間それぞれをしっかり行う。時間を有効活用したいので、3か所同時に行う。挟殺プレーでは「一発でアウトを取る」ことをテーマにしている。

例えば、三・本間でランナーを挟んだとする。ボールを持っているのがキャッチャーだとしたら、キャッチャーは三塁側にランナーを追い、ある程度まで追いつめたらサードにボールを投げる。この時、捕球したサードがランナーにタッチすれば、一発でアウトを取ったことになる。挟殺プレーでミスを少なくするには、送球・捕球の回数を少なくすることが一番である。だから、一回投げたら必ずそこでアウトにする。もちろんなかなか理想通りにはいかないものだが、うちではそれを目標として練習を続けている。

バントシフトや挟殺プレーの練習は毎日行わないが、時間に余裕があればなるべく練習に取り入れるようにしている。また、本校のグラウンドで練習試合を行い、バントシフトや挟殺プレーでミスが出たら、試合後に徹底してその練習を行う。

守備の細かいプレーは、「たまにしか練習しない」というのが一番ダメだと思っている。バントシフトにしろ、挟殺プレーにしろ、瞬時の判断力が非常に求められる。練習によってせっかく身につけた感覚を、薄めるようなことがあってはいけない。毎日、多くの時間を割く必要はないが、最低でも1週間に一度は細かいプレーの練習を盛り込む。選手たちの感覚を磨いていくには、そのくらいの頻度で練習を行う必要がある。

練習試合の前に「今日はこういう細かいプレーが出そうだから、みんな気をつけろよ」と言うと、実際に試合でそのプレーが出て、ミスをして負けたりすることがある。選手たちは「すごい、監督の勘が当たった」と思っているようだがそれは違う。高校野球の試合では、それだけ細かいプレーによるミスが多いというだけのことなのだ。

ごはんはどんぶり3杯を目標にノルマはなし

かつては、日大三や帝京の選手たちの体格と豪快なスイングを見て「うちも体を大きくしなければ」と選手たちにノルマを課し、無理矢理に食べさせていた時期もあった。ただ、たくさん食べられる選手はいいが、そうでない選手は食事がただ苦しいだけの時間になってしまう。いろんな選手たちの様子を見ているうちに、無理に食べさせるのにも限界があると気づき、私はノルマを課すのをやめた。

とはいえ、普段から食事の大切さはミーティングなどでも説くようにしている。だから朝、夜の合宿所の食事は、どんぶり3杯のごはんを目標にするようにとも伝えている（どんぶりはごはんどんぶりではなく、ラーメンどんぶり）。

常に食事の大切さを教えていると、3年生になる頃には選手たちもそれをよく理解し、どんぶり3杯をペロリと平らげるようになる。体が大きくなれば投げるボールは速くなり、打球も遠くに飛ぶようになるのだから当然である。

おかずの量は決められているから、ごはんをいくらでも食べられるようにと、父母会の方々が納豆やふりかけ、鮭や牛肉のフレークの瓶詰めなど、いろいろな付け合わせを用意してくれている。私もたまに食堂を覗くのだが、見たこともない美味しそうな瓶詰めがあったりして、父母会の方々のお気づかいに感謝するばかりである。

第3章でもお話ししたが、2017年の優勝投手である市川睦は3年生の春から夏にかけてのわずかな期間に、体を大きくしようと8キロの体重増に成功して、その結果球速を10キロもアップさせた。彼は毎食、どんぶり4杯のごはんを食べていた。市川の成長と成功は、今でも後輩たちのいい見本となっている。

ちなみに、うちではプロテインに関しても各自の自由に任せている。チームとして「これをこれだけ飲みなさい」というような指導は一切していない。

夕食後に軽くウエイトトレーニングや自主トレをする選手たちのために、夜も食堂でごはんは食べられるようにしている。付け合わせがたくさんあるから、お腹を空かせた選手たちはそれをお供に、ごはんをかきこんでいる。

練習も食事も、選手を成長させる上でとても大切であることは言うまでもない。でもそれを選手に理解してもらうには、ノルマを課して上から押さえつけるようなやり方ではダメだと思う。選手が自主的に取り組むようになって、初めてその成果が表れる。指導者は「どうやったら選手が自分から取り組んでくれるようになるのか」を考えていけばいいのだ。

レギュラーをつかむための条件

ベンチ入り選手を選ぶ上で「守備力最優先」が私の基準である。その次に打力や走力が判断基準となる。走攻守で同じレベルの選手がふたりいて、どちらかを選ばないといけないとしたら、「走塁ミスをしない」「バントができる」という判断基準をプラスする。

野球はいかに失点を防ぐか、ミスを減らすかが、勝利をたぐり寄せる大きなカギとなる。勝つためには、失点とミスをできる限り減らすことが重要だ。だからこそ私は、守備力があり、走塁ミスをせず、バントを決めるべきところで決められる選手を望む。このような選手が多いチームは、少なくとも自滅するような試合はしなくて済む。

そもそも、野球では3割打ったら強打者とされる。10回中7回失敗しても優秀な選手といわれるのだから、バッティングで「打てない」というのは失敗にはならない。もっといえば、バッティングは当てにならない。当てになるのは走攻守のうち〝走〟と〝守〟である。〝走〟と〝守〟を重視しつつ、打力を磨いて投手力を整備する。私のチーム作りのベースは、このような感じである。

エラーとミスを減らせば失点は防げる。得点はできなくても、試合を0-0で進めることができる。0-0では試合に勝てないが、負けることもない。このように負けない試合をしつつ、相手の隙を伺って一気に攻め込み、得点を挙げたらその1点で逃げ切る。このような展開、このようなゲームのできるチームが私の理想といっていい。

ここまで述べてきたことは私の理想である。選手たちはまだ高校生だから、試合では当然ミスはするし、エラーもする。過去のベンチ入りメンバーの中には「エラーもたくさんするけど、たまにものすごいホームランを打ってくれる」という選手も結構いた。理想と現実を天秤にかけて、バランスを図りながらチーム作りをしていく。それが高校野球の監督の仕事なのだ。

関東一が近年、安定した強さを発揮しているのは、ミスをしない選手がベンチに揃っているからである。きっと米澤監督は試合でミスをしないために、日頃から厳しい練習を選手たちに課しているのだろう。すでに本書で述べたが、関東一との戦いは接戦になったら向こうに分がある。

他の府県の野球関係者から「東京の戦い方は粗い（大雑把）」と言われたりすることがあるが、それはだいぶ誤解が入っている。帝京や日大三が打ち勝つ野球で全国を制覇したからそのように思うのかもしれないが、東京の高校野球のベースにあるのは緻密な野球の「スモールベースボール」である。そこに付け加える形で打力が入ってくる。細かい野球をしようと思えば、強豪校ならどのチームもできる（中でも関東一の細かさは群を抜いている）。でも、それだけでは勝ち上がっていけないから、どの学校も打力に磨きをかけているのだ。

強豪校、伝統校との練習試合から多くを学ぶ

コロナ禍となってから、思うように対外試合などもできていない。だが、選手たちの力を伸ばす上で、全国の強豪校と試合をするのは必要不可欠である。そこでここでは、

例年のパターンとしてどのような学校と練習試合を行っているのかをご説明したい。

監督を25年間務めてきた今でこそ、全国各地の強豪校と試合をしていただけるようになったが、監督に就任した当初はまったく違った。ネットワークも何もなく、飛び込みで電話をかけて試合を申し込んでいたから、門前払いになることも多かった。しかし、捨てる神あれば拾う神ありで、少しずつ対戦校の数を増やしていき、今では首都圏のほとんどの強豪校とつながりを持つことができている。

まずうちの恒例として、夏休み後半の東北遠征が挙げられる。3泊4日で岩手、仙台を巡る。今まで対戦していただいたのは東北、仙台育英、盛岡大附、花巻東、一関学院などである。

5月後半から6月上旬にかけてのどこかの週末を利用し、関西遠征に行くのも恒例となっている。その際は、私が現役の時にセンバツで対戦した郡山の他、京都外大西と試合をすることが多い。昔は大阪桐蔭やPL、上宮太子ともよく試合をしていただいた。

郡山は、東京大学や京都大学にも合格者を出す奈良を代表する公立の進学校である。公立、しかも進学校でありながら毎年、夏の大会ではコンスタントに上位に進出する実力を誇る。その強さは何なのか。これは実際に対戦してみないとわからない。

都内には小山台のように強豪の都立進学校が多い。「仮想・都立」という意味でも、郡山との試合は参考になるところが多い。甲子園に何度も出場しているような伝統校は、野球部だけでなくその学校自体に古い歴史がある。そういった伝統校との試合は、学ぶべきことがたくさんあるのだ。

首都圏には同期の監督さんも多く、浦和学院の森士監督、前橋育英の荒井直樹監督、横浜隼人の水谷哲也監督などが同い年のよしみでよく試合をしていただく。

その他に、同期ではないが、よく練習試合をしていただくのは次のような学校である。

- 神奈川／東海大相模、桐光学園、桐蔭学園、横浜、平塚学園、向上、日大藤沢、日大高
- 埼　玉／花咲徳栄、聖望学園、県立川口
- 千　葉／習志野、中央学院、東海大望洋、八千代松陰、市立船橋
- 茨　城／常総学院、霞ヶ浦

夏の大会前の5～6月には、東海大相模や横浜、浦和学院、常総学院、霞ヶ浦、習志

野、中央学院、東海大望洋といった強豪と試合をして、大会に向けて仕上げていく。首都圏の練習試合は基本的に日帰りで行う。Ａチームが遠征に出て、Ｂチームがホームで練習か練習試合を行うことが多い。

帝京の前田監督や習志野の小林徹監督はどんな試合も決して手を抜かず、采配にも情などは持ち込まない。「ここで交代」と思ったら、ピッチャーでもバッターでも迷うことなくスパッと代える。瞬時に情勢を見極めて流れを読み、なおかつ各選手の調子、相手との相性も加味しながら「こいつだ」と適材適所で対応していく。こういった選手起用が、前田監督も小林監督も実に巧みである。

私も諸先輩方の戦い方、采配を見て、今までいろいろと勉強してきた。かつては「エースと心中」「このバッターが打てないのならしょうがない」と腹をくくって采配を振っていたが、今は昔よりも冷静に状況を見て判断が下せるようになってきた。常に勉強し、進化を続けていくのは、選手も監督も同じなのだ。

都内の学校とは同地区ということもあり、あまり練習試合はしないのだが、西東京の東海大菅生とは、夏の大会に入る直前に練習試合をするのが恒例となっている。

若林弘泰監督とは、春季大会や秋季大会で顔を合わせているうちに親しくなり、練習試合をするようになった。彼は私より2学年下で、元プロ野球選手ではあるが権威を振りかざすようなところはまったくなく、私にも「市原さん」と気さくに話しかけてきてくれた。今では「市原さん」「若林」と呼び合う仲である。

東海大菅生はみなさんご存じのように、若林監督の手腕で甲子園の常連校へと成長した。うちも実力で離されないように、そしてこれからも練習試合をしてもらえるように、より一層がんばらないといけない。

第5章

これからの高校野球を考える

二松学舎野球はどう対応するのか

「超強豪私学」と渡り合っていくために、我々がなすべきこと

近年、「高校野球の二極化」が問題視されるようになってきた。要するに、選手を全国各地から集められる強豪私学と、地元の生徒たちによって構成される公立とでは、格差が広がる一方ではないかということだ。

確かに甲子園を見ても、かつては公立が甲子園で優勝するのは珍しいことではなかった。しかし、近年では公立が優勝することは滅多になく、センバツでは2009年の清峰、夏の甲子園では2007年の佐賀北が最後である。

こういった環境下で、本校は私学でありながらそれほど設備が充実しているわけでも、手広く生徒募集をしているわけでもない。基本的には都内および近隣県から入学してくる選手ばかりなので、大阪桐蔭や東海大相模のような「超強豪私学」とどう渡り合っていくかは、私にとってもひとつの課題であることは間違いない。だが、このまま「強い学校はより強く」の状態が続いていくかといえば、一概にそうとも言い切れないのでは

ないかと思っている。

私が現役だった1980年代頃からの高校野球の歴史を紐解いていくと、PL全盛の時代があり、その後は横浜や智辯和歌山、駒大苫小牧、日大三が台頭し、現在は大阪桐蔭と東海大相模の二強時代といってもいいかもしれない。だが、長い高校野球の歴史の中で10年連続甲子園で優勝・準優勝しているようなチームはなく、各強豪校ともに強い時代もあれば低迷する時代もある。また高校野球において、20年も30年もその学校が強いまま君臨するということはまずあり得ない。学校の方針が変われば、野球部の在り方も当然変わってくる。だから、本校のような普通の私学でも、付け入る隙はいくらでもあると考えている。

高校野球が面白くあるためには、今の「超強豪私学」が優勝して喜ぶのもいいが、普通の学校が強豪私学を倒すことによって、全国の野球ファンが盛り上がっていくというパターンもあっていい。

現在の「超強豪私学」と渡り合っていくためには、打ち勝とうと思ってもそれはなかなか難しい。全国レベルの強打者が一番から九番まで並ぶ打線に対して、真っ向から打ち合いを挑んでも結果は火を見るより明らかである。

ならば、私たちのような普通の私学は、やはり「守り勝つ野球」を軸に据え、戦っていくしかない。ピッチャーを中心として、しっかりと守れるチームを作る。現在の高校野球では、金属バットにも改良が加えられ、昔に比べれば飛ばないように反発力が抑えられている。近年、日本の野球も国際ルールに沿っていろいろと変化が続いているが、もしかしたら高校野球のバットも、昔のような木製に戻ることもないとは限らない。そうであるならば、なおさら「守り勝つ野球」をしていく必要があるし、そのような練習を普段からしっかり実践しているチームが勝つような時代が来るかもしれない。

私は勝利至上主義者ではない。でも、高校野球で勝利だけをひたすら追求する監督さんを否定はしない。幸い、私は学校側からプレッシャーをかけられるようなこともなく、自由にやらせていただいている。強豪私学の中には、学校側から優勝を厳命されているような監督さんもたくさんいらっしゃる。勝利至上主義にならざるを得ない監督さんたちは、それはそれでご苦労がおありだろう。ただ、どんな状況にあろうとも、プレーするのは選手たちである。行きすぎた勝利至上主義により、選手たちが不幸になるようなことだけはあってはならないと思う。

高校野球の監督は、指導者である前に教育者である

2013年に学生野球資格回復制度が制定され、元プロ野球選手が計3日間の研修を受ければ高校野球の指導ができるようになった。最近では鹿児島城西の佐々木誠監督(元福岡ダイエーホークスほか)や、常総学院の島田直也監督(元横浜ベイスターズほか)が本制度を利用しての現場復帰を果たしている。

プロ野球で活躍された元選手たちが高校球児に野球を指導するのは、野球界のレベル向上においてもとても有意義なことだと思う。また、元プロだからこそ、球児たちの人間性を高める上で「野球だけうまければいいってものじゃないんだよ」と教えてあげれば、より説得力も増すと思う。

学生野球資格回復制度がなかった頃、元プロ野球選手が高校野球の監督となるには、プロアマ規定により教員勤務歴が10年以上なければならなかった。その後、1994年に勤務歴が10年から5年に、1997年には5年から2年に短縮された。親交のある東

海大菅生の若林弘泰監督は中日ドラゴンズに在籍した元プロ野球選手だが、この規定に則って引退後に大学に通い直し教員免許を取得。2007年に東海大菅生の社会科教員となり、2009年から同校野球部の監督となった。その後の若林監督と東海大菅生の躍進ぶりは、私がここで改めて述べるまでもないだろう。

ここで若林監督の話を例に出したのは、元プロ野球選手が高校野球の監督になるのに、たった3日間の研修を受けただけでいいのだろうか、と常々感じているからだ。コーチとして高校野球に携わるだけならまだしも、監督となると話は別である。

若林監督も言っていたが、高校野球の監督は教員であること、もっといえば担任を持っていることが望ましい。高校野球は、学校の活動の一部であり、野球の技術向上だけではなく、その他にも学校教育の一環として、生徒たちの人間性を高めるという大きな役割を担っている。

選手たちは「球児」である前に「高校生」という本分がある。高校生に物事を教えるのは、一朝一夕にできることではない。野球部以外の生徒とも学校で毎日接し、その中で教育とは何たるかを学び、それをグラウンドでの選手指導に生かす。高校野球監督は、野球の指導者である前に教育者でなければならない。それが本来あるべき、高校野球監督の姿だと思う。

野球部の選手たちは、当然のことだがグラウンドで活動している時間以外に、学校で生徒として学んでいる時間がある。選手たちの内面を理解するなら、グラウンド内だけではなく、学校内での生活態度なども見ておく必要がある。また、教員となれば他の先生方から「あの選手は最近こうですよ」という情報も入ってくるので、選手への細やかな対応、指導も可能となる。

私は元プロ野球選手ほど多くの引き出しはないが、長年、高校生たちと接してきたという自負はある。高校野球が、技術だけでは勝てないことも知っている。一時はよくても、それを継続することの難しさも十分に理解している。

とはいえ、自分の行きたい学校を選ぶのは選手であり、その親御さんたちである。教壇に立っていなくても、素晴らしい指導をする元プロの監督はたくさんいるはずだし、教壇に立っていても、ちゃんとした指導のできない教員監督も中にはいるだろう。現在中学生の球児のみなさん、その親御さんには、甲子園出場などの華やかな歴史に惑わされることなく、指導者の方針などをしっかりと見極めた上で進学先を選んでいただければと思う。

聞く耳を持つ。そして、取捨選択は自分で判断する

本校のＯＢは、進学した大学でも野球を続ける選手が多い。ちなみに近年の進学先は私の母校である日本大学を含め、次に挙げる東都大学リーグの1部・2部に所属しているところにはほぼ行っている。

・亜細亜大、立正大、國學院大、中央大、東洋大、駒澤大、青山学院大、日本大、専修大、拓殖大、国士館大、大正大、東京農業大

その他に、東京六大学では明治大に進んだＯＢがいる。

私は進学後も野球を続ける選手たちに、「本当の恩師は大学でできるもんだよ」と毎年話している。「俺のような高校の指導者は大したことはない。それよりも、お前らが20代になれば人を見る目もできてくる。そこで〝この人は尊敬できる〟と感じた人が恩

師なんだよ」と。

大学に進んでも硬式野球をやろうと思う選手は、高校時代にレギュラーだったタイプが多い。しかし、先にご紹介した各大学は全国から選りすぐりの選手たちが集まってくる。レギュラーになれるかどうかは、本人の努力次第である。それなのに、レギュラーになれなかったら「あの大学はおかしい」「あの監督は変だ」と環境のせいにして、母校の私に泣きついてくるようなOBもいる。しかし、それでは大学での厳しい競争を勝ち抜いていくことはできない。大学でしっかりやってほしいからこそ、先に述べた話を私は毎年OBたちにしているのだ。

進学した先の大学でも、監督にかわいがってもらえるような選手になってほしい。そういった意味で、私は「聞く耳を持ちなさい。そして、取り入れるかどうかは自分で判断しなさい」という話も卒業生たちによくする。

監督に媚びを売る必要はないが、どんなに技術があっても、人の話を聞く姿勢のない選手がレギュラーになれるはずもない。また、真面目な選手ほど監督から受けた指導をすべて実践しようとして、逆に調子を崩してしまうようなこともある。いずれも、そのような姿勢では4年間野球を続けることは難しくなるので、私は「聞く耳を持ちなさい。

そして、取り入れるかどうかは自分で判断しなさい」と卒業生たちにメッセージを贈っているのである。

人の話を聞きつつ、自分の中でそれをちゃんと消化して「取り入れるものは取り入れる、捨てるものは捨てる」と取捨選択をしていくことが肝心だ。

そもそも、私は本書で何度も述べてきたように、選手たちを型にはめるような指導はしない。何事も自然体でいることが大切だと思っているので、よほどおかしな動きをしている選手を除いては、フォームなどを細かく指導するようなこともない。高校時代がそんな環境なので、進学先の指導者が型にはめようとするタイプだと、本校のOBたちはだいぶ戸惑うようである。だから、進学先の指導者からたくさん教えられてもパニックにならないように、その予防線の意味で、私はここで紹介したようないくつかの助言を卒業生たちに送っているのだ。

鈴木誠也にしろ、大江竜聖にしろ、プロで活躍しているような選手は、そういった取捨選択がうまいのだろう。彼らは高校時代から「自分で考え、行動する」という術に長けていた。

そういった意味では、プロに行った選手以外にも、東洋大から社会人野球の鷺宮製作所へと進んだ竹原祐太（2014年に夏の甲子園出場を決めた時のキャプテン）や、明治大から東京ガスへと進んだ北本一樹（2015年度のキャプテン）は誠也や大江と同様に、自分で考える力を持っていた。

彼らの生き方を見ているとよくわかる。やはり、どの世界に進もうとも、「聞く耳を持つ。そして、取捨選択は自分で判断する」ということは、大切なことなのだ。

人生はやり直しが利く——小杉陽太の生き様を見て思ったこと

本書の中で何度か紹介したOBの小杉陽太は、プロで活躍するまでの選手になってくれたが、その道のりは決して順風満帆ではなかった。彼は大学時代に一度、大きな挫折を味わっている。

小杉は本校を卒業後、亜細亜大に進学した。1年の頃から先発で使ってもらい、私は順調な野球生活を送っていると思っていた。ところが、彼にもいろいろとあったのだろう。２年生の終わり頃に寮を脱走し、そのまま野球部にも大学にも戻ることはなかった。

脱走後しばらくして、小杉の母親から私に「何とかあの子を大学に戻してほしい」と連絡があった。聞けば小杉は実家に戻っており、バイト生活に明け暮れているという。私は早速、彼がいると聞いた昼間の時間を見計らって家に行った。家の前に着き、小杉の携帯に電話をかける。家の２階から着信音が聞こえた。

「いるな」

しかし、電話に出る気配はない。私は頭に来て、２階のベランダから乗り込んでやろうと思った。壁を登っていこうとしたら隣の家の人に「ちょっと、何やってるんですか？」と見つかってしまった。とっさに「担任なんです。生徒がちょっと問題を……」とか何とか言いながらごまかして、その日は退散した。

後日、小杉が帰宅する時間を母親から再度確認し、私は家の近くで待機していた。すると、小杉が帰ってきた。原チャリに乗り、半キャップのヘルメットから茶髪が覗く。今の彼がどのような状況にあるのか、聞かなくてもわかった。

それから何日か経って、周囲の人から説得されたのだろう。小杉が柏のグラウンドにやってきた。

「監督、いろいろとご迷惑をかけてすみませんでした」

言わされている感がひどかったので、とりあえず無視した。私のところにやってくるということは、相当な覚悟のもとの行動であるはずだ。しかし、その覚悟がどれほど本気なのかは測りかねた。何しろ、ちょっと前までは二松学舎の大エースだった男が、今は茶髪なのだ。とはいえ、第2章で述べたように、私も20歳の頃は大学野球をしながらもとても真面目とはいえない生活を送っていたから、厳しい生活から解放されて羽を伸ばす小杉の気持ちもわからないではなかった。

「こいつも今まで大変だったんだろうな」

彼の茶髪を見ながら、そう思った。その日は大した話もせず、とりあえず家に帰した。本気ならまたやってくるはず。そう思ったのだ。

次の日、小杉は予想通りやってきた。彼は練習前のグラウンドを、ひとりで整備していた。次の日も、そして次の日も。

何日かして、私は小杉に聞いた。

「大学に戻る気はないのか？」

「はい、ありません」

「じゃあ、野球は辞めるのか？」

彼は黙っていた。それはそうだ。いろいろな人に迷惑をかけて今の状況があるわけで、軽々しく「野球をやりたい」などと言える状況ではない。でも、こうやって連日柏のグランドにやってきているのは、その意思表示である。彼が心の底から野球を続けたいと思っていることは、私にも痛いほどわかっていた。でも本気ならば、覚悟を示す意味でしっかりと言葉にする必要がある。決意表明を引き出すべく、私は彼にこう言った。

「小杉よぉ、正直に言っていいよ。それが辻褄の合ってないことだとしても。人間の感情なんて辻褄が合わないものなんだよ。その時の感情でコロコロ変わってな。だからさ、〝あの時、こう言ったじゃないか〟なんて問い詰めたりしないから、正直に言ってみろよ」

小杉は振り絞るように言った。

「野球を続けたいです……」

私は「わかった」と言ってからこう説明した。野球界にもちゃんと筋道がある。まずは亜細亜大の監督さん、大学側にしっかり話をして、けじめをつけてこい。その後のことはそれから考えようと。

その後、正式に大学を中退した小杉は後輩たちの練習を手伝いつつ、トレーニングをするようになった。私は関係のある社会人野球の数チームに声をかけて、小杉を見に来てもらった。その中で、ＪＲ東日本の堀井哲也監督（現慶応大監督）が小杉を気に入ってくれた。堀井監督は、亜細亜大にもちゃんと話を通してくれるという。もちろん、私からも亜細亜大には経過の報告と了承を得るための電話を入れた。とりあえず丸く収まって、小杉はＪＲ東日本へ入社することになった。

都市対抗などでの活躍もあって、小杉は入社２年目の２００８年のドラフトにおいて、横浜ベイスターズから５巡目で指名を受けた。その後、彼はベイスターズで９年間プレーをし、２０１７年オフに戦力外通告を受けて現役を引退した。

引退後、小杉は事業を起こして経営者をしていた時期もあったが、２０２１年から四国学院大野球部の投手コーチに就任した。やはり彼は、大好きな野球から離れられないようだ。

小杉の生き方を見て、私は「人生は何度でもやり直しが利くんだ」という考えを新たにした。長い人生を生きていれば、一度や二度の大失敗、挫折は誰にでもある。あきらめさえしなければ、やり直しは何度でも利く。それを小杉は、身をもって示してくれているように思う。誠也とはまた違った意味で、小杉は後輩たちのよき見本である。

心を開くことで、実力も開花する

私は高校時代、恩師である青木監督から毎日のように怒られていた。ただ怒られても、殴られても、青木監督のことを嫌いになることはなかった。きっと、本気で怒ってくれるその裏側にある愛情のようなものを、本能的に感じ取っていたからなのだろう。

指導者は、選手のことを本気でよくしたいと思うから怒る。そこには愛情がある。中には愛情もなく、ただ感情的に怒っているような指導者もいると思うが、そのような指導者が選手から嫌われるのは当然である。

最近、そういった指導者の厳しい接し方の裏側にある愛情を、感じられない子供たちが増えたように思う。これは野球部の選手たちだけではなく、学校の生徒全般を見ていても感じることだ。厳しく接すれば、ただ「怖い人だ」とだけ感じ、ソフトに接すれば「やさしい人だ」となる。

そういった子供たちは、自分のことを本当に心配してくれる人はどういう人なのかがわかっていない。「赤の他人がお前のことを心配して叱ってくれるか?」と聞いてもあまり理解してくれない。厳しさの裏側にある愛情を感じられない子供たちが、今後そのまま生きていったら、自分の周囲にいる大切な人をどんどん失っていくだけである。

こちらの愛情を感じ取れない選手は、自分の気持ちを言葉に表すことがあまり上手ではない。内にこもりがちなタイプが多いといえばいいのだろうか。だから、私はそんな選手たちには「人間には言葉という便利な道具があるんだから、その道具をもっと上手に使おうよ」と語りかける。

歴代の野球部OBを振り返ってみても、自分の気持ちを素直に表現できる選手たちは、成長していくスピードも早かった。心を開いているから、こちらが指導したことに対する飲み込みも早い。心を開くということは、己の実力を開花させるための条件のひとつといっていいだろう。

逆に自分の気持ちをうまく表現できない選手は、心の中に何かわだかまりのようなものが常にあるから、発信にも受信にも手間取ってしまう。私は、何とかそのわだかまりを選手の心から取り去ってやろうとするのだが、生まれてから十数年もの長い時間をかけて蓄積されたわだかまりを取り去ることは容易ではない。

確実にいえるのは、心は閉じているより、開いているほうが実力は伸びていくということである。だから私は、選手の心のわだかまりを取り去れなくても、1ミリでも2ミリでもいいから心の扉を開いてあげられるように努める。

その方法としては、何か言葉をかける時もあれば、ただひたすらじっと選手から言動が起きるのを待つこともある。私は元来、待つのが苦手な人間なのだが、そういう時はひたすらはやる気持ちを抑えて待つ。耐え忍ぶ。すると、選手の心がちょっと開く。だからといって、そこで一気に心の扉を開けようなんてことをしてはいけない。ちょっとずつ、ちょっとずつ同じことを繰り返して扉を開いていく。そうやって地道な作業を繰り返し、選手が3年生になった頃に気持ちが少しでも通っている感触を得た時は私も本当にうれしい。

野球は勝ったチームが強い——「雪中松柏」の精神で戦い続ける

二松学舎が甲子園に出場した際の記念プレートなどに、必ず入れている私の好きな言葉がある。それは、「雪中松柏《せっちゅうしょうはく》」という中国の故事から見つけた言葉である。最初は二松学舎の「松」と、グラウンドの所在地である「柏」が入っていたので私の目を引いたのだが、意味を知ってますますこの言葉が好きになった。

原文は「雪中の松柏いよいよ青々たり」というもので、直訳すれば「雪の中の松や柏は、その葉の色がとても鮮やかに青々としている」である。

その意味は、寒さの厳しい雪の中でも松や柏（この場合は常緑樹の総称）は緑の葉の色を変えないことから、困難な状況の中にあっても志や意思を変えない強い心のことを表している。

本書で何度もお話ししたように、二松学舎は夏の大会の決勝で10連敗を記録している。なかなか甲子園に手の届かない困難な状況が続いたが、それでも私たちは夢をあきらめなかった。どんなに苦しくても枯れない松や柏のように。そして11度目の決勝で私たちはその夢を叶えたのだ。

私は、冬の寒い雪の中でも、毅然としてそこで踏ん張って立っているように見える松が好きである。だから選手たちにも「松は派手な花は咲かさないが、枯れない。二松学舎も派手さはなくても、枯れずにしぶとく二松学舎らしい野球をやっていこう」という話をよくする。そして最後に「でもまあ、一回ぐらいはきれいな花を咲かせたいよな」と付け加えることも忘れない。

私は選手たちに「目指せ優勝！」といった目標をあまり立てさせない。というより、目標を立てることを求めない。きっと選手それぞれに、自分なりに思う目標はあるのだろうが、私がそれを改めて確認するようなこともしない。

大会に入れば、私たちはしぶとく生き延びることしか考えていない。「目指せ優勝！」ではなく「生き延びる＝勝つ」。結果的に勝ち残ったチームが優勝となる。それが私の大会を勝ち抜くイメージである。

私の経験からいえるのは、野球は強いチームが勝つのではなく、勝ったチームが強いということである。過去にも、ずば抜けた実力の持ち主がひとりもいないのに、チーム力で甲子園を勝ち取った代がいくつかある。そしてその逆で、素晴らしい実力の持ち主が揃っていたのに、甲子園に出場できなかった代もある。結局、どの代が強かったのかといえば、答えは勝った代、甲子園を勝ち取った代である。勝ったチームが強いのだ。

二松学舎はこれからも「雪中松柏」の精神で、東京の大会で最後まで勝ち残れるように、しぶとく戦い続けるだけである。

偉大なる先人に学ぶ――木内幸男監督との思い出

私が現役の頃、木内幸男監督は取手二の監督だった。木内監督とうちの青木監督は仲がよく、普段もよくゴルフをするような間柄だった。だから練習試合もわりと頻繁に行っていた。

私たちがセンバツで準優勝した後、取手二と練習試合をした時のことだ。木内監督はおなじみのあの茨城弁で、ベンチの選手たちに「おめーらが打てるわけねーんだ。このピッチャーは、甲子園の準優勝ピッチャーだからなー」と、私に聞こえるように大声で話している。うちの四番が打席に立てば、マウンドのピッチャーに向かって「おめーが抑えられるわけがねー。甲子園でホームラン打ってんだぞ、この四番は！」といった具合である。私たちは、木内監督の声によって調子を狂わされて試合も負けた。

現在、取手二は木内監督の教え子である後藤賢監督が指揮を執っている。私は今でも木内監督の指導にとても興味があるので、当時はどんな指導をされていたのか後藤監督に練習試合をする度に聞いている。

後藤監督によると、木内監督は高校生を扱うのがとてもうまかったそうである。例えば、外野を守っているやんちゃな選手を木内監督が怒った。するとその選手は、木内監督に聞こえるように「くそじじい！」と言い返したという。でも、木内監督はその選手を呼びつけて怒るでもなく、放っておいたそうである。後藤監督たちが「なんで怒らないんだろう？」と思っていると、木内監督は「あいつは学校では大将だから。ここで俺が怒って恥をかかせたら、あいつの居場所がなくなってしまう。たぶん、あいつは心の中では『やばいこと言っちゃった』と思ってる。それがわかっていればいい」と。

また、後藤監督は木内監督の采配に関して、こんなことも教えてくれた。

木内監督の采配が試合中にビジビシと決まるものだから、マスコミはその采配を指して「木内マジック」と呼んだ。でも後藤監督に聞くと、やっていた本人たちからしてみればそれはマジックでも何でもなく、普段からやっていたことなのだという。木内監督の考え方は実にシンプルだ。成功する、得点する、あるいは失点を防ぐために一番確率の高い采配、作戦は何なのか？　それを普段の練習、練習試合から綿密に考えて試し、公式戦で実践していく。それだけである。

かつては、ランナーが一塁に出塁すると問答無用で送りバント。それが高校野球のセオリーだった。そんな風潮の中、木内野球はノーアウト一塁で必ずしもバントをしなかった。例えば、ノーアウトから六番打者が出塁したとする。木内監督は七番打者には打たせるものの、フライを打ち上げて1アウト一塁。そこから八番打者に送りバントをさせて、2アウト二塁とした。

では、木内監督はなぜ七番打者には打たせて、八番打者に送りバントをさせたのか？それは確率の問題である。七番と八番だったら、七番のほうがヒットを打つ確率が高い。七番に送らせて八番に打たせるのなら、七番に打たせたほうがいい。結果として、2アウト二塁で九番打者に回るのであれば、その前に得点できる可能性にかける。それが木内監督の野球だった。

木内監督の考え方はシンプルで合理的、しかも選手の指導を見てもわかるが常に冷静である。やんちゃな選手が反抗してきても、感情的にはならない。鉄拳制裁当たり前のあの時代としては、木内監督のやり方はかなり異質だ。だからこそ、取手二で全国制覇を成し遂げてから、木内野球は注目を浴び続けたのだろう。

木内監督がまわりから見ればマジックのような采配ができたのは、普段から選手たちをしっかり把握していたからにほかならない。だからこそ〝旬〟の選手を見分けて、公式戦で大胆な選手起用をしていく。名門チームには四番は不動、エースも不動というところが多いが、そこにこだわりすぎると大会を勝ち抜いていけない。臨機応変に「この選手は調子を落としている」と思えば、ためらうことなく〝旬〟の選手をはめ込んでいく。そうった木内監督の考え方は極めて合理的で、勝利を手にするためにはもっとも理に適っている。

私はよく、家でくつろいでいる時にYouTubeにアップされている木内監督のインタビュー動画を見ている。

「木内監督ならこういう時、どうするのだろう?」

その答え、あるいは木内監督ならではの発想を知りたい。木内監督に直接教わったことはそれほどないが、間接的には今もとても勉強させてもらっている。

我が二松学舎は、恩師・青木監督も含め、木内監督には本当にお世話になった。50代以降に花を咲かせた木内監督の生き様は、私の励みでありよきお手本でもある。木内監督は2020年11月にお亡くなりになられたが、その教えは今も高校野球界に脈々と生き続けている。この場を借りて、木内監督の生前のご厚情に深く感謝するとともに、ご冥福を心よりお祈り申し上げたい。

高校野球はまだまだ改善できる——選手たちのことを第一に考えて

近年、球数制限やタイブレークなど、選手たちの負担を軽減させるべく、さまざまなルールの見直しや改善が行われている。これは、私としても大いに歓迎したい流れであるが、まだまだその他にも改善の余地はたくさんあるように思う。

私が一刻も早く何とかしてほしいと感じているのは、登録人数に関することである。現在、東京都の各大会の登録人数は20人、甲子園は18人に決められており、一度登録するとメンバーの変更はできない。

夏の大会では、登録は1か月近く前にはしなければならない。高校野球は誰がいつ、どのように伸びていくのか、まったくわからない。それなのに、大会1か月前にメンバーを決めなければならないのは、選手たちにとっても酷である。

全選手とまではいわないが、せめて30~40人の登録枠を設けて、その中からだったら各試合の登録20人を好きに選べるようなシステムにならないものか。そうなれば選手たちも励みになるし、保護者の方々も最後まで楽しみながら応援できる。

また、甲子園の登録人数18人もどうにかならないものだろうか。指導者としては20人でも選ぶのが大変なのに（辛いのに）、そこからまた2人減らせと言われるのだから、たまったものではない。ベンチ入り20人が一丸となって勝ち取った甲子園なのに、そこから2人を外さなければならない。甲子園出場はうれしいが、18人の登録メンバーを発表する時は断腸の思いである。

夏の大会は過酷な暑さとの戦いでもある。それは甲子園も同様だ。しかも近年は異常気象などにより、その暑さに拍車がかかっている。選手のことを考えるのであれば、登録枠が拡大されてもいいくらいなのに、甲子園では2人も削減される。「選手のため」というのであれば、この登録人数の問題は地方大会、甲子園ともに少しでも改善していただけるよう願いたい。

夏の大会の日程に関しては、幸い東京は他の学校数の多い府県に比べればスケジュールに余裕があるため、球数制限などもそれほど気にせずやっていける。かわいそうなのは、出場校が150校を超えるような超激戦府県である。

他県では、準々決勝から決勝まで3日連続で3連戦というところも珍しくない。東京も東と西、それぞれに出場チーム数は100校を超えているが、高野連の計らいで日程が余裕を持ってうまく組まれている。他県もいろいろと都合はあるのだろうが、選手たちのためにせめて準々決勝から決勝までは、それぞれ中一日の休養日を設けるようなスケジュールを組んであげてほしい。

また、新たなシステムとして、2018年の夏から全国で一律に採用されているタイブレーク制がある。延長12回までに試合が決着しない場合、13回からノーアウト一・二塁で行われる制度である。

私たちはタイブレークを経験したことがなかったのだが、2021年の春季大会3回戦（佼成学園戦）で初めてタイブレークとなった。

表の攻撃だった私たちは幸いなことに、いきなり5得点を挙げることができた。その裏の相手の反撃を1失点に抑えて何とか逃げ切ったのだが、タイブレークを経験してみて「ピッチャーがきつい」という感想を持った。

ノーアウト一・二塁から始まるタイブレークは、ピッチャーにかかる重圧がものすごい。春季大会では幸い1イニングで決着がついたのでよかったが、これが2イニング、

3イニングと続いたら、それこそピッチャーは潰れてしまう。タイブレークは選手たちの健康に配慮し、試合の決着を早くつけるべく設けられた制度なのだろう。しかし、計り知れない重圧のかかるピッチャーにとっては、本末転倒のシステムといっていい。

前イニングの打順がそのまま継続されてタイブレークに入るというのも、打順によって有利不利が生じて、フェアなルールではないように思う。タイブレークとなった最初の回くらいは、好きな打順で始められるようなルールにならないものか、とも思う。

基本的に、私はタイブレーク制には反対である。タイブレーク制を設けるくらいなら、12回なら12回で試合を切って、同点再試合にすればいい。日程の都合があるのもわかる。しかし、タイブレーク制は、球数以上に投手への負担が増してしまう。高野連には、もっと選手たちのことを考えて、ルールの改善を行っていっていただきたいと思う。

最後の夏を悔いなく戦おう――負けから始まる人生も悪くない

本校の選手たち以外にも、全国には甲子園を目指している球児たちがたくさんいる。

私は甲子園がどれほど素晴らしい場所かを知っている。だから、がんばっている球児のみなさんすべてに、甲子園を経験してもらいたいがそれは実質不可能である。

私が球児のみなさんに願うことはいくつかある。まずはケガをせず、仲間たちと力を合わせて最後の最後までいい戦いをしてほしい。終わった後に悔いの残るような、愚痴になってしまうような試合ではなく、負けても清々しく終われるような戦い方をしてもらえたらいいなと思う。

最後の夏の大会でいい終わり方をするためには、普段からチームメイトとコミュニケーションを取り、とことん自分のチームを愛せばいい。集団で活動していれば、いいことばかりではなく、嫌なことももちろんあるだろう。でも、最後は「自分が選んだチームがベストなんだ」と腹をくくって、夏の大会を悔いのないように戦い抜いてほしい。

最終的には、その戦いが甲子園出場につながれば最高なのだが、それができるのは各地区で1チームだけである。ほとんどの高校球児は甲子園を前に敗れ去っていく。でも、ここでひとつだけ、みさなんに言っておきたい。意外と負けるというのも悪くはないよ、と。夏の大会で負けた直後は、みんなショックだろうと思う。しかし、ある程度の時間が経ったら、「負けも悪くないいな」と気づくはずである。

負けた直後は、この私も苦しい。でも時間の経過とともに、いろんなことを考えられるようになる。私は、人生においてそんな時間を過ごすこともとても大切だと思う。負けの余韻を味わえる人は、他の人よりも人生の彩りを豊かにできる人である。

そもそも、自分の人生を考えた時に、負けから始まる人生のほうがいいように感じている。負けから始まって最後に勝ったほうが絵になる。映画の主人公もみんなそうではないか。やはり、負けから始まって最後に勝つほうがかっこいいのだ。

考え方次第で、負けた後の時間はいくらでもいい時間に変換できる。夏の大会に負けたからといって、そこがゲームセットではない。むしろ、高校生のみなさんの人生はそこからがスタートだ。高校野球の経験を、その後の人生にどう生かしていくか。野球以外の道に進む人のほうが多いと思うが、どの道に進もうとも高校時代に経験したことはきっとその後にも生きてくる。苦楽をともにした仲間たちを大切にしつつ、次のステージで大きく羽ばたいてほしい。私の願いは、それだけである。

どうやったら勝てるのか？
――帝京・前田三夫監督が教えてくれたその答え

夏の大会の決勝戦10連敗を筆頭に、二松学舎は大舞台で悔しい敗戦をいくつも経験してきた。私自身も、現役時代から監督となった現在まで、それこそ数え切れないほどの「負け」を味わってきた。

そんな数多くの敗戦から学んだものを、ひと言で表すとするならば、

「我慢」

となる。負けても腐らず、辛抱強く、一生懸命努力を重ねる。私たちは、夏の大会の決勝という大きな壁をなかなか越えることができなかった。越える前は、その壁がとてつもなく大きく、てっぺんは見えないほど高かった。

しかし、壁を越えて振り返って見てみると、その壁は思っていたほど高くはなかった。その時に気づいた。「壁を高くしていたのは、自分自身なんだ」と。だから、絶対にあきらめてはいけない。我慢してがんばることが、何よりも大切なのだ。

本書で繰り返し述べてきたが、監督がまずなすべきは「チームを勝たせる」ことではなく、「選手の力を発揮させる」ことである。

例えば、相手チームの力が10、自分のチームの力が5だったとする。多くの監督さんは「10を倒すのにどうしようか。うちは5しかないのに……」と考えるはずである。でも私はそうは考えない。うちの選手たちの力が5あるのなら「その5をしっかりと発揮させよう」と考える。そこだけに力を注ぐ。

そもそも、チームの力が10にしろ5にしろ、その力をすべて試合で出し切るのは簡単なようで難しい。とくに、強豪校で10の力を持っていたとしても、その10すべてを出し切って戦っているのを、私はあまり見たことがない。強豪校には「勝って当たり前」のプレッシャーが常につきまとい、その他にも試合ごとに生じるいろんな影響によって10の力が8に、8が6に、といった具合に力は落ちていく。自分のチームの力が5であっても、10あるはずの相手の力が6になっていたら、いい戦いができるはずだ。勝機はそこにある。

私の今の夢は「全国制覇」である。叶わないかもしれない、壮大な夢。全国制覇がとてつもなく大きな山だということは、私も十分に理解している。でも、私は現役時代にその頂上の一歩手前まで行ったことがある。大きいが越えられない山ではない。私は、全国制覇を成し遂げて言ってみたい。

「越えてみたら、それほど大きな山ではなかったです」

「だから、他の学校にだっていくらでもチャンスはありますよ。うちができたんですから」と。

最後に、私が監督に就任して2~3年目の頃に、帝京の前田監督からかけていただいた言葉をご紹介して終わりにしたい。

私が監督となって東京の現状がある程度わかってくると、帝京の強さが身に染みて理解できた。そして知れば知るほど「帝京やその他の強豪チームに勝てるのだろうか？」と不安ばかりが広がっていく。なかなか思うように勝てず、不安は募るばかりだった。

そんなある日、何の大会かは忘れたが神宮球場で試合をして負けた。試合後、球場内の喫煙スペースで煙草を吸っていると、目の前を前田監督が通りかかった。思わず、

「前田さん、どうやったら勝てるんですか？」

と私は叫ぶように口にした。

前田監督は次の試合で来場していたのだろう。どこかに向かっていたようで、小走り

だった。そして私のほうに振り向き、
「いっぱい負けることだよ！」
と言って去っていった。
かっこいいな前田監督、と思った。20年以上前の出来事である。
勝利につながる道に近道はないのだ。だから、私たちはこれからも負けを恐れない。
その先、勝ち続けるために。

おわりに

1995年、二松学舎の関係者から「監督をやってもらえないか」と話があった時、私は「こんな自分が母校に恩返しをできるなら」と監督を受けることにした。そして翌1996年の春から、母校の監督となった。

あれから25年。20年ぶりのセンバツ出場や学校初の夏の甲子園出場など、それなりに恩返しをすることはできたかな、と思う。先に述べたように、あと私の中に残っているのは全国制覇＝日本一だけである。それが、今の私のモチベーションとなっている。

本書でお話ししたように、私は中学時代、弱小の硬式チームに所属し、そこから二松学舎、日大、NTT信越と野球を続けた。いずれも「超一流」のチームではなかった。当時の東京の高校野球は早実、日大三といった名門が覇権を握っていた。日大は1部と2部の間を行ったり来たりしている時代だったし、NTT信越にしても、地方の強豪チームという存在だった。そんな生き方をしてきたからか、私の根っこには反骨心がある。

「名門？　超一流？　そんなの知るか。俺たちは俺たちのやり方でやってやる！」と、気持ちはいつも熱く燃えている。

古い話になって恐縮だが、ボクシング漫画『あしたのジョー』の主人公の矢吹丈は、河原に立つ掘っ立て小屋のようなジムでトレーニングを積んだ。私は矢吹丈の生き方にとても共感できる。どんなに金を積まれても、ライバル力石徹のいた超一流ジムには行かない。橋の下の掘っ立て小屋で、トレーナーの丹下段平とチャンピオンを目指す。そんな生き方に私は憧れる。

二松学舎で野球をしてきて、施設や人材の充実している全国の強豪、名門校を「うらやましいな」と思ったことは一度もない。二松学舎には他の強豪校にはない、どこか温かい手作り感がある。私は、そんなチームカラーが大好きだ。

甲子園に何度か出場している本校だが、私はうちを「名門」だとも「甲子園の常連校」だとも思わない。あるのは、いつも他の強豪校を追いかけている感覚。だからマスコミなどに「東京の強豪」などと紹介されると「ちょっと違うんですけど……」といつも思っている。気持ちは常にチャレンジャー。そのスタンスでいたほうが、私も選手も戦いやすい。何より、そのほうが二松学舎のカラーに合っている。

優秀な選手ばかりを集めて、力づくで優勝を勝ち取るようなやり方は、うちのチームカラーではない。私は、一度は日本一のチャンスがやってくると信じている。そのワンチャンスが巡ってきたら狙い、そこで確実に仕留める。そのワンチャンスがいつ来るのかは、私にもわからない。私ができるのは感覚を研ぎ澄ませて、そのタイミングを逃さないようにすること。肩肘張らずに自然体で、「ここぞ」という時に勝負をかける。そんな戦い方をこれからもしていきたい。

こんなに長く大好きな野球に関わってこられただけでも、私は恵まれた人生だと思っている。学校側の理解もあり、ずっと監督を続けてくることができた。これからは引き際も考えていかなければいけないが、自分で辞め時を選べるのは監督としてとても幸せなことである。そのような監督人生を歩んでいけるよう、努力していきたい。そして今後は、二松学舎に最後の恩返しをするために、選手たちとともに一生懸命がんばっていきたい。最後に、私の野球人生において、私を支えてくれたすべての方々に感謝を申し上げて本書の締めとさせていただく。

2021年　6月

二松学舎大附属高校野球部監督　市原勝人

個性を伸ばす技術

2021年7月16日　初版第一刷発行

著　　者／市原勝人

発 行 人／後藤明信

発 行 所／株式会社竹書房
〒102-0075
東京都千代田区三番町8-1
三番町東急ビル6F
email: info@takeshobo.co.jp
URL http://www.takeshobo.co.jp

印 刷 所／共同印刷株式会社

カバー・本文デザイン／轡田昭彦＋坪井朋子
協　　力／二松学舎大附野球部
カバー写真／アフロ
編集・構成／萩原晴一郎

編 集 人／鈴木 誠